라면의 역사

라면의 역사

초판 1쇄 발행 | 2024년 8월 28일

지은이 | 지영준
펴낸이 | 박영욱
펴낸곳 | 깊은나무

주　소 | 서울시 마포구 월드컵로 14길 62 북오션빌딩
이메일 | bookocean@naver.com
네이버포스트 | post.naver.com/bookocean
페이스북 | facebook.com/bookocean.book
인스타그램 | instagram.com/bookocean777
유튜브 | 쏠쏠TV·쏠쏠라이프TV
전　화 | 편집문의: 02-325-9172　영업문의: 02-322-6709
팩　스 | 02-3143-3964

출판신고번호 | 제 2013-000006호

ISBN 979-11-91979-60-2 (93910)

라면의 역사

라면을 맛보며
문화를 즐긴다

라면정복자피키
지영준 지음

깊은나무

책을 펴내면서

안녕하세요. 라면정복자피키 지영준입니다.

여러분 라면 좋아하시나요? 일본에서 시작된 라면은 한국으로 넘어와 남녀노소 즐기는 소울푸드가 되었습니다. 한국 사람들의 라면에 대한 애정은 어떤 나라보다 각별합니다. 그리고 제 인생에도 늘 라면이 함께 있었고, 라면은 제게 더욱 특별했습니다. 인생의 의미를 찾지 못하고 방황하던 때, 라면을 통해 인생의 의미와 희망을 찾았기 때문이죠. 제 인생을 바꾸게 된 "세상의 모든 라면을 먹어보고 소개해 보자"는 꿈과 함께 지금까지 수천여 종의 라면을 먹어보고 소개해 왔습니다. 라면을 너무 좋아하다 보니 라면의 역사를 공부하게 되었고, 라면의 역사와 이야기를 알고 난 후 다시 라면을 맛보니 더욱 맛있었습니다. 여러분께 11년간 제가 라면을 맛보고, 즐기고, 공부하며 정리해 온 재밌는 라면의 역사 이야기를 들려드리고 싶어 책을 집필하게 되었습니다.

일본의 '안도 모모후쿠(安藤百福)' 회장은 계속되는 사업 실패 속에도 포기하지 않고, 47세의 나이에 작은 오두막에서 세계 최초의 인스턴트 라면 '치킨라멘'을 발명합니다. 그리고 닛신식품을 세워 일본 인스턴트 라면 산업을 주도했으며, 새로운 혁신으로 세계 최초의 컵라면 '컵누들'을 개발하며 글로벌 라면 기업이 되었습니다.

한국의 전중윤 회장은 한국의 식량난을 해결하고자 라면 제조 설비를 도입하기 위해 일본으로 떠났지만, 기술 도입과정에서 수많은 거절과 박대를 당했습니다. 하지만 굴하지 않았고, 라면 제조 설비와 기술을 얻어 한국 최초의 라면 '삼양라면'을 출시였습니다. 그렇게 세워진 삼양은 라면 업계에서 승승장구했지만, '우지파동'으로 오랫동안 어려움을 겪었습니다. 그렇지만 임직원의 피나는 노력과 더불어 2012년 출시한 불닭볶음면이 히트하면서 전 세계에서 사랑받는 기업으로 거듭났습니다.

농심의 신춘호 회장은 일본에서 롯데를 세운 형 신격호 롯데그룹 회장의 만류에도 불구하고 한국으로 와서 삼양라면이 장악한 라면 시장에 도전장을 냈고, 품질 경영을 내세우며 자체 기술로 라면을 만듭니다. 삼양라면의 벽은 너무나도 높았지만, 삼양과 경쟁하던 회사들이 모두 라면 사업에서 철수할 때 포기하지 않고 꾸준히 품질 경영을 이어 나갑니다. 신춘호 회장의 고집은 80년대 안성탕면, 짜파게티, 신라면 등 베스트셀러 라면을 출시해 한국인의 입맛을 사로잡는 데 큰 역할을 합니다. 농심은 80년대 중반 삼양을 제치고 국내 라면시장 1위 기업이 되었고, 현재는 전 세계 사람들이 사랑하는 라면 업계 글로벌 5위 기업이 되었습니다.

그뿐만 아니라 이 책에서는 청보, 팔도(한국야쿠르트), 오뚜기, 빙그레, 풀무원, 하림, 새롬식품, 맥소반 등 수많은 한국 라면 기업들이 라면 사업에 진출하여 흥망성쇠를 겪은 이야기, 전 세계 나라별 라면 이야기, 라면 명소와 단체 등을 소개하고 있습니다.

단순히 라면의 이야기만을 다루는 것이 아니라, 라면 속에 숨어있는 이야기를 다루었습니다. 라면의 역사는 수많은 사람의 삶이 담긴 역사입니다. 세계 최초의 라면이 발명된 후 65년이 지났고, 한국 최초 삼양라면이 만들어진 후 60년이 지난 지금 이 책을 통해 여러분께 라면의 이야기를 들려드리겠습니다.

이 책은 많은 사람의 도움으로 완성되었지만, 특히 제 라면에 대한 전문성과 제 꿈을 높이 인정해 주고, 책 집필 제안을 해주신 북오션 박영욱 대표님 덕분에 만들어졌습니다. 박영욱 대표님은 30대 초반, 책이 진심으로 좋아 창업하셨고, 25년간 어려움이 있어도 굴하지 않고 늘 도전해, 굴지의 출판사 북오션을 일구어내셨습니다. 라면이 진심으로 좋아 직업을 그만두고 새로운 도전을 하는 과정에서, 인생 선배 박영욱 대표님의 격려와 응원은 큰 힘이 되었습니다. 대표님께 진심으로 감사드립니다.

그리고 라면 완전정복의 꿈을 펼쳐나갈 수 있도록 제게 용기를 주시고 도와주신 북레시피 김요안 대표님, 인천상회 박물관을 통해 역사 속 라면들을 보존해 주시고 제게 많은 라면 이야기를 들려주신 추억발굴수집가 이이교 박물관 관장님께 감사드립니다.

바쁘신 와중에도 라면의 역사와 관련된 자료를 제공해 준 각 라면 회사 직원분들에게 감사드리고, 맛있는 라면을 만들겠다는 목표로 밤낮없이 라면 개발을 위해 노력하시는 라면 회사의 연구원과 라면 업계에서 노력하시는 많은 분께 감사드립니다.

안정적인 직장을 그만두고, 라면 문화 콘텐츠 창작자와 라면 평론가로 나아가겠다고 결심한 저를 응원해 준 친구들, 같이 근무했던 동료들, 가족들과 부모님께 감사드립니다. 그리고 늘 제 곁에서 저를 응원해 주는 아내에게 진심으로 사랑하고 고맙다는 말을 전하고 싶습니다.

마지막으로 11년 넘게 라면 완전정복 블로그를 운영하면서 만난 수많은 분의 응원과 격려에 큰 힘을 얻었습니다. 이 책은 제 꿈을 믿고 저를 사랑해 주시는 구독자분들의 격려와 응원으로 완성되었습니다.

저는 앞으로도 죽기 전까지 '세상의 모든 라면을 먹어보고 소개해 보자'는 꿈을 가지고 라면을 소개할 것입니다. 이번에 소개해 드리지 못한 이야기는 다음에 보완하여 소개해 드리겠습니다. 라면의 역사는 앞으로도 계속될 것이며, 저는 여러분과 함께 한국 라면의 역사를 만들어 나가겠습니다.

이 책이 라면사에 남을 수 있는 책이 되기를 바라며, 라면 산업과, 라면 문화 발전에 이바지할 수 있기를 바랍니다. 라면을 좋아하시는 모든 분께 이 책을 바칩니다.

라면 문화 콘텐츠 창작자, 라면 평론가
라면정복자피키 지영준 올림

목 차

4부 전 세계 다양한 나라의 라면 이야기

5부 라면의 과거와 현재를 볼 수 있는 명소

1부

라멘의 기원과 인스턴트 라면의 시작

01

인스턴트 라면의 모태가 된 라멘의 시작

‘라멘(ラーメン, Ramen)’의 기원

인스턴트 라면의 역사를 살펴보기 위해서는 인스턴트 라면의 모태가 된 일본 음식 라멘(ラーメン, Ramen)의 유래를 살펴보아야 한다.

라멘의 어원에 대해서는 다양한 설이 존재하지만, 정확한 유래는 알려지지 않았다. 가장 많은 이들에게 알려진 것은 중국의 수타면인 납면(拉麵[lāmiàn])으로부터 기원되었다는 설이다. 납면의 납(拉[lā])은 중국어로 끌어당긴다는 의미가 있는데, 납면은 손으로 쭉 당겨 뽑아낸 면(麵[miàn]), 즉 수타면(手打麵)을 일컫는다. 일본으로 전파된 랍면의 발음 라미엔[lāmiàn]을 일본인들이 라멘(ラーメン)이라고 불러 만들어졌다고 전해진다.

요코하마(横浜市)에서 등장한 난킹소바(南京そば)

19세기 말 중국인들이 일본으로 이주하면서 최초의 라멘의 모습이 등장하기 시작했다. 메이지시대 개항 후 요코하마 차이나타운의 야타이(屋台, 일본식 포장마차)에서 길거리 음식으로 유명해진 '난킹소바(南京そば)'로 시작되었다. 난킹(南京)은 중국의 대도시 난징을 일컬으며, 소바(そば)는 메밀을 뜻하나, 국수류를 일컫는 대명사이다. 즉 난킹소바는 '중국 난징의 국수'를 뜻했는데, 닭뼈를 우린 육수에 면을 말고, 파를 송송 썰어 올린 소박한 음식이었다. 고기 육수를 사용한다는 점에서 일본인들이 그전까지 먹던 국수와는 완전 다른 형태였으나, 지금 우리가 알고 있는 라멘의 모습은 아니었다.

라이라이켄(来々軒)의 지나소바(支那そば)

현재 라멘의 형태는 1910년 도쿄 번화가인 아사쿠사(浅草)에 문을 연 '라이라이켄(来々軒)'에서 시작되었다. 라이라이켄은 대중적인 중화요리를 파는 음식점이었는데, 메뉴 중 하나로 지나소바(支那そば)를 판매하였다. 당시 라이라이켄에서 판매되던 지나소바는 일본인의 입맛에 맞게 쇼유(간장)와 닭 뼈를 넣어서 만든 국물에 돼지고기를 삶아 간장에 조린 차슈, 멘마, 어묵 등을 얹어 판매했다. 가격이 저렴했고, 일본인들의 입맛에 잘 맞아 인

기가 좋았다고 한다. 라이라이켄 덕분에 지나소바가 대중에게 알려지기 시작했다. 하지만 아직 지나소바는 대중적인 음식은 아니었고, 노동자들이 즐겨 먹는 음식이었다.

20세기 초 일본은 중국을 지나(支那)라고 불렀고, 지나소바는 '중국의 국수'라는 의미를 담고 있었다. 그런데 지나라는 호칭에는 일본인들이 중국을 비하하는 의미도 담겨 사용되었다고 한다. 그래서 2차 세계대전 이후 승전국인 중국은 일본에 '지나(支那)'라는 용어를 공식적으로 사용하지 말아 달라고 요청했고, 일본 정부는 중국 정부의 요청에 따라 '지나(支那)' 표현을 사용하지 않기로 결정했다. 시간이 지나면서 일본에서 지나라는 표현이 점점 사라졌고, 지나소바(支那そば)는 같은 '중국의 국수'라는 의미를 담은 '주카소바(中華そば)'로 바뀌어 불리기 시작했다.

일본에서 판매하는 주카소바의 모습

일본의 식량난 속에서 대중화된 라멘

일본은 중일전쟁 중 국가총동원법(国家総動員法)에 따라 쌀의 배급제를 실시했다. 국가 총력전 수행을 위해 모든 물적 자원을 정부가 통제하고자 하는 목적에서 식량 통제가 실시되었고, 일본 사람들의 식량 사정은 넉넉하지 못했다. 결국 일본은 2차 세계대전에서 패했고, 전쟁에서 패한 후 일본의 식량난은 더욱 심해졌다. 특히 1945년에는 쌀 수확량이 최저치를 기록해 식량난이 가중되었다. 굶주림에 고통받던 일본인들이 1946년에 쌀밥획득인민대회(飯米獲得人民大会)를 열어 식량 사정을 호소하고, 인민 민주 정부 수립을 요구했을 정도였다.

일본은 식량 관리법에 따라, 쌀과 밀가루 등을 배급제로 운영 중이었는데, 넉넉하지 못한 식량 배급은 일본인들의 큰 불만을 야기했다. 정부의 단속을 피해 암시장이 우후죽순처럼 생겨났다. 암시장에서는 쌀보다 밀가루를 구하기 쉬웠는데, 밀가루로 만든 주카소바는 저렴한 가격으로 일본인들의 굶주림을 달래주었고, 일본인들에게 큰 인기를 끈다. 일본에서 점점 주카소바를 파는 음식점이 늘어났고, 종류도 다양해지자, 일본인들은 '중국의 국수'라는 의미를 가진 지나소바나 주카소바 대신 '라멘'이라고 부르기 시작했다. 그리고 라멘이라는 이름은 인스턴트 라면 '치킨라멘(チキンラーメン)'이 등장한 후 TV 광고를 통해 전국으로 퍼져나가면서 일본 전역에서 통용된다.

치킨라멘 TV 광고는 라멘(ラーメン)이라는 용어를
일본 전역으로 알리는 데 역할을 한다.(초기 치킨라멘 TV 광고 모습)

세계 최초의 인스턴트 라면 치킨라멘

02

인스턴트 라면을 발명한 라면왕 안도 모모후쿠(安藤百福)

최초의 인스턴트 라면은 새로운 도전을 두려워하지 않았던 한 혁신적인 기업가로부터 발명되었다. 그의 이름은 안도 모모후쿠(安藤百福). 인스턴트 라면의 역사를 이야기하자면, 안도 모모후쿠 회장의 인생 이야기를 하지 않을 수 없다.

사업가 안도 모모후쿠의 성공과 시련

인스턴트 라면을 발명한
안도 모모후쿠 동상

안도 모모후쿠(安藤百福)는 1910년 3월 5일 일본이 지배하고 있던 대만에서 태어났다. 그의 부모는 그가 세상에 큰 행복을 가져다주는 사람이 되기를 바라는 마음을 담아 모모후쿠(百福, 백복)라고 이름 지었

다. 안도는 어렸을 때 부모님이 모두 돌아가셨고, 포목점(吳服店, 여러 가지 옷감을 파는 가게)을 운영하는 조부모 밑에서 자랐다. 젊은 시절 장사를 하는 조부모의 밑에서 생활한 안도 모모후쿠는 장사의 재미를 알게 되었고, 일찍 사업에 도전했다. 처음 그가 했던 사업은 메리야스(メリヤス)[1] 섬유 사업이었다. 안도는 사업을 할 때 남들이 생각하지 않는 방식에 도전했다. 당시 항공기 엔진 윤활유로 피마자유(蓖麻子油)[2]가 사용되는 것을 유심히 살펴보고 있었다. 그리고 양잠 농가를 보러 갔을 때, 농가 입구에 있는 피마자를 보고 몇 잎 따서 누에에게 먹여보았는데, 생각보다 누에가 피마자 잎을 잘 먹는다는 사실을 알게 된다. 그는 피마자를 이용해 누에를 길러보겠다는 결심을 한다. 발상의 전환으로 실과 피마자유를 같이 생산하며 일석이조의 효과를 누려 섬유 사업에서 승승장구하는 듯했다.

그러나 일본의 분위기가 이상하게 바뀌었다. 1938년 국가총동원법(國家總動員法), 1941년 생활필수물자통제령(生活必需物資統制令)이 내려지면서, 생필품의 생산과 가격 결정을 정부가 관리하게 되었고, 안도는 더 이상 섬유 사업을 할 수 없어 새로운 일을 찾아야 했다.

안도는 환등기[3] 제조, 숯 제조, 항공기 부품 제조 사업 등에 도

1 메리야스(メリヤス)는 신축성 있고 촘촘히 짠 직물을 일컫는다.

2 피마자유(蓖麻子油)는 민간에서는 설사약으로 사용되었고, 공업용으로도 활발히 사용되었다.

3 환등기: 슬라이드용 영사기. 그림이나 사진 따위를 영사막에 확대 투사하는 광학기구.

전했다. 그가 도전한 사업들은 처음에는 잘되는 듯했으나, 어려운 상황에 봉착하는 것이 다반사였다. 환등기 제조 사업의 경우 미국의 공습이 심해지자 소개(疏開)[4]하면서 멈추었고, 숯 제조 사업은 미군의 공습으로 회사와 창고가 불에 타버리면서 중단되었다. 항공기 부품 사업은 지인과 동업했는데, 군납 자재를 빼돌린다는 모함에 빠져 고문받기도 했다. 계속된 고문 속에서 생사의 갈림길에 섰지만, 오래전부터 알고 지내왔던 이노우에 야스마사(井上安正) 전 육군 중장의 도움으로 억울한 상황 속에서 구출된다. 전쟁 중 사업이 쉽지 않다지만 그의 사업은 고난의 연속이었고, 생과 사를 오갔다.

패색이 짙었던 일본이 1945년 8월 15일 항복 선언을 하며 전쟁이 끝났다. 잿더미가 된 일본에서 안도는 새로운 일을 물색했다. 그리고 그의 눈에 들어온 것은 소금이었다. 당시 소금은 국가의 전매품이 아니었기 때문에 소금을 만들어 팔 수 있었다. 안도는 소금 제조 사업과 함께 학교를 설립해 운영했는데, 안도가 하는 일들이 꽤 잘되었다.

그러나 시련이 찾아왔다. 당시 일본을 통치하던 연합국 최고사령부가 엄격한 징세 정책을 펼쳤는데, 안도를 소득세 탈루 혐의로 구속한 것이다. 당시 학교에서 학생들에게 지급하던 장학금을 급여로 간주해 안도가 탈세했다고 여긴 것이다. 안도가 가지

4 소개(疏開): 공습(空襲)·화재(火災) 등(等)에 대비(對備)하여 도시(都市) 또는 밀집(密集)하고 있는 곳의 주민(住民)이나 시설(施設) 따위를 분산(分散)함.

사업가 안도 모모후쿠 회장의 모습(닛신식품 제공)

고 있던 모든 재산이 압류되었고, 안도는 투옥되었다. 그는 억울했고, 자신의 누명을 벗기 위해 노력했다. 소송을 통해 자신의 억울함을 적극적으로 변호했고, 2년 만에 석방되었다. 하지만 이전 사업은 더 이상 지속할 수 없었다. 41세의 나이에 다시 인생의 원점으로 돌아온 것이다.

특별한 직업 없이 지내던 안도에게, 신용조합 이사장 자리를 맡아 달라는 제안이 왔다. 그의 신용과 좋은 이미지를 높이 산 것이었다. 안도는 금융은 잘 몰랐기에 처음에는 제안을 거절했지만, 계속된 설득에 마음이 넘어가 제안을 수락했다. 신용조합 이사장이 되고 난 후 안도의 삶은 다시 풍요로워졌다. 골프도 배우기 시작했고, 행복한 삶이 몇 년간 지속되었다.

그러나 안도의 행복은 오래 지속되지 않았다. 안도가 맡은 신용조합은 처음부터 문제가 있었고, 부실채권은 계속 쌓여가고 있었다. 결국 1957년 신용조합 운영 과정에서 발생한 부실을 제대로 해결하지 못했고, 신용조합이 가진 건물과 대지가 압류당했다. 신용조합은 파탄이 났고, 안도는 이사장으로서 책임을 져야 했다. 안도의 재산은 모두 압류되었다. 안도는 지금까지 실패했어도 자산은 남겨왔으나, 이번 사건으로 그가 가진 자산이 대부분 사라졌다. 안도는 책임지지 못하는 일을 맡은 것을 후회했으나 되돌릴 수 없었다.[5] 안도의 삶은 벼랑 끝으로 내몰리게 되었다. 이때 그의 나이는 47세였다.

인생의 원점에서 라면을 만들기로 결심하다

47세의 나이에 안도는 빈털터리가 되어 원점으로 돌아갔다. 이전과 달리 찾는 사람도 없었다. 절망적이었지만 안도는 포기하지 않았고, 재기를 위해 노력한다. 어떤 사업으로 재기할 수 있을까 고민하던 터에 안도의 머릿속에 들어온 것은 '식품' 사업이었다. 전쟁 후 굶주림에 겪는 사람들을 보면서, 건강과 복지를 지탱할 음식이 없다면 의류, 주택, 예술, 문화 등 더 높은 수준의 삶은 불가능하다고 생각했고, 식품이 매우 중요하다고 느꼈다.

---

5 안도는 이때 "경영자는 한 번 차입의 맛을 기억하면 벗어날 수 없게 된다. 경영에 긴장감이 없어지고 그 외상은 반드시 돌아온다(経営者は一度借り入れの味を覚えると抜け出せなくなる。経営に緊張感がなくなり、そのツケは必ず自分に回ってくる)"며 반성한다.(출처: 転んでもただでは起きるな! – 定本・安藤百福)

전후 식량이 부족한 일본은 원조받은 밀가루로 빵, 비스킷을 만들어 일본인들에게 제공했는데, 안도는 이런 모습을 보고, “같은 밀가루를 사용한다면 왜 일본인이 좋아하는 면류를 장려하지 않는가?” 생각했고, 원조되는 밀가루로 라멘을 만들면 좋겠다는 생각이 들었다.

그리고 식품 사업에 도전한다면, 미국에서 원조받는 밀가루를 이용해 간편하게 먹을 수 있는 ‘인스턴트 라면’을 만들면 성공할 수 있겠다고 생각했고, 인스턴트 라면 발명에 도전한다.

세계 최초의 인스턴트 라면 ‘치킨라멘(チキンラーメン, Chicken Ramen)’의 발명

안도는 목표를 세우면 지체 없이 즉시 행동했다. 잘 알고 있던 목수에게 부탁해 작은 오두막을 짓고, 도구와 재료들을 사서 뜨거운 물만 있으면 집에서 쉽게 먹을 수 있는 ‘인스턴트 라면’ 개발을 위한 연구를 시작했다. 안도가 자전거를 이용해 라멘을 만들 재료를 구입하러 돌아다니면, 사람들은 최근까지 신용조합 이사장이었던 사람이 음식을 만든다고 가여워했다고도 한다. 하지만 안도는 주변 사람들의 시선에 아랑곳하지 않고, 새로운 도전에서 목표를 이루기 위해 최선을 다한다. 그리고 안도는 인스턴트 라면 발명 과정에서 5가지 목표를 세운다.

1. 맛있고 질리지 않아야 한다.

2. 오래 보관할 수 있어야 한다.

3. 조리가 간편해야 한다.

4. 저렴해야 한다.

5. 위생적이고 안전해야 한다.

안도는 사람들 입맛을 사로잡기 위해 닭고기에 주목했다. 닭고기와 야채 등을 넣고 솥에서 오래 끓여 육수를 만들었고, 육수를 면에 배합하여 맛있는 면을 만들었다. 하지만 만든 면을 오래 보존하고, 쉽게 먹을 수 있도록 만드는 과제는 쉽게 해결되지 않았다. 5가지 목표를 동시에 만족시키는 라면을 만드는 것은 너무도 어려운 일이었다. 하지만 안도는 "넘어져도 그냥 일어나지 마! 흙이라도 주워 와야 한다(転んでもただでは起きるな。そこらへんの土でもつかんでこい)"는 좌우명으로 좌절한 상황에서도, 포기하지 않았다. 하루 평균 4시간을 자며, 1년간 쉬는 날 없이 연구를 계속했다.

고심하고 있던 어느 날 안도는 우연히 아내가 일본 튀김 요리를 하는 것을 보게 된다. 안도는 문득 '면을 기름에 튀겨보는 것은 어떨까?'라는 생각이 머릿속을 스쳤고, 즉시 오두막으로 들어가 면을 튀겨보았다.

면을 튀기자 면 속 수분이 밖으로 나왔다. 수분이 사라져 완전히 건조해진 면은 오랫동안 부패하지 않고 보존할 수 있는 특성을 갖추게 되었다. 또한 튀긴 면에 뜨거운 물을 부으면 건조된 면

안도가 치킨라멘 개발을 위해 몰두했던 오두막 외부 재현

안도가 치킨라멘 개발을 위해 몰두했던 오두막 작업실 모습 재현
(오사카 컵라면 박물관)

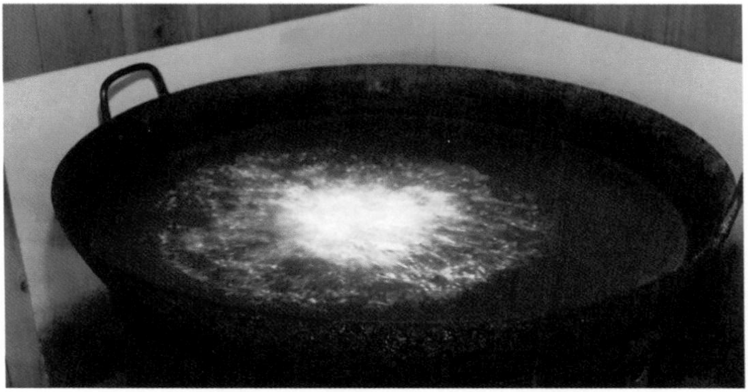

최초의 인스턴트 라면은 튀김요리로부터 아이디어를 얻었다.

이 물을 흡수하여 3분 이내에 부드러운 면으로 돌아오게 된다는 사실을 알게 되었다. 안도는 자신이 발견한 원리를 순간유열건조법(瞬間油熱乾燥法)이라고 이름 지었다. 드디어 자신이 원했던 인스턴트 라면을 발명한 것이다.

안도는 자신이 발명한 인스턴트 라면을 닭고기를 사용해 만들었다는 것을 강조하기 위해 '치킨(チキン)'을 붙여 '치킨라멘(チキンラーメン)'으로 이름 지었다.

1958년 8월 25일에 출시된 치킨라멘은 처음에는 온 가족의 도움을 받아 가내수공업으로 만들어졌다. 출시 초기에 식료품 매장에서 시식 행사를 진행했는데, 준비했던 치킨라멘 500개를 순식간에 완판하는 놀라운 일을 경험한다. 처음 본 신기한 음식을 사람들은 '마법의 라면(魔法のラーメン)'이라고 불렀다. 사람들의 반응을 보고 치킨라멘의 성공을 확신한 안도는 공장을 세우고,

세계 최초의 인스턴트 라면의 모습(과거와 현재)

인스턴트 라면 개발은 가족들이 총출동하는 작업이었다. 아내(仁子), 아들(宏基), 장모(須磨), 딸(明美), 안도(安藤百福)(오사카 컵라면 박물관)

직원을 고용하여 치킨라멘의 생산을 늘리기 시작했다.

출시 당시 치킨라멘의 가격은 1개 35엔이었다. 당시 우동이 6엔이었기에, 도매상들은 치킨라멘이 비싸다고 생각해, 치킨라멘이 잘 안 팔릴 것이라고 생각했다. 하지만 안도는 치킨라멘의 성공을 확신했고, 1개 35엔의 가격을 고수했으며, 심지어 도매상에게 어음 결제가 아닌 현금 결제를 요구했다. 도매상들은 생소한 치킨라멘에 큰 관심을 주지 않았다. 하지만 안도는 분명 잘 팔릴 것이라고 생각했고, 시장의 반응을 기다렸다.

시간이 지나자 주문이 들어오기 시작했다. 치킨라멘이 팔리기 시작한 것이다. 치킨라멘에 대한 대중의 관심을 확인한 도매상들은 치킨라멘을 확보하기 위해 안도의 공장에 주문 전화를 넣었고, 주문이 쇄도했다. 폭증한 수요를 따라잡기 위해 공장에서 새벽부터 밤늦게까지 치킨라멘을 최대한 만들었지만, 공장을 풀가동해도 치킨라멘 수요를 따라잡기에는 역부족이었다. 치킨라멘을 구하기 위해 도매상들이 공장 입구에서 장사진을 이루는 상황도 연출되었다.

그리고 이때, 일본 제일의 종합상사였던 미쓰비시상사가 안도에게 치킨라멘을 같이 판매해 보자고 제의한다. 안도는 치킨라멘의 대성공을 예감했고, 다시 한번 과감한 도전을 한다. 5000평 규모의 대지를 매입해 치킨라멘을 대량생산할 수 있는 공장을 세운 것이다. 그리고 "나날이 맑고 풍요로운 맛을 낸다(日清)"는 의미로 '닛신식품(日清食品)'으로 회사명을 짓고 본격적으로 치킨라멘을 선보였다. 미쓰비시상사의 유통망을 통해 치킨라멘은 전국으로 퍼졌는데 당시 언론에서 미쓰비시의 사업 분야를 소개할 때 '라멘에서 미사일까지(ラーメンからミサイルまで)'라는 문구를 사용했을 정도로 치킨라멘은 큰 주목을 받았다.

그리고 안도는 당시 보급되기 시작하던 TV에 주목했다. 아직 TV 광고가 매출에 어떻게 영향을 주는지 명확히 알려지지 않았을 때, 안도는 거금을 투자해 TV 프로그램의 스폰서가 되어, 치킨라멘을 광고하기 시작한다.

치킨라멘 광고는 당시 일본 대중에게 익숙하지 않았던 '라멘(ラーメン)'이라는 용어를 일본 전역으로 퍼지게 했고, 치킨라멘은 날개 돋친 듯 팔려나갔다. 안도의 승부사 기질이 시설 투자와 마케팅을 적시에 할 수 있게 만들었고, 치킨라멘을 성공시킨 것이다. 닛신식품은 창업 5년 만에 연 매출 43억엔의 대형 식품회사로 발돋움했고, 1963년에는 도쿄, 오사카 증권거래소에 상장했다.

TV 광고를 적극 활용해 치킨라멘은 더욱 알려졌다.(초기 치킨라멘 광고 모습)

치킨라멘이 큰 성공을 이루자 치킨라멘을 모방해 만든 제품들이 시중에 쏟아져 나왔다. 경쟁사에서 닛신식품의 숙련된 직원을 높은 급여를 주고 스카우트하는 일은 물론, 치킨라멘을 대놓고 카피한 저품질의 모조품 치킨라멘들이 시중에 돌기 시작한다.[6] 모조품 라면이 너무 많았고, 모조 라면의 맛과 품질이 떨어져 사회적 문제로 부상해 언론에 대서특필될 정도였다. 모조품 치킨라멘을 맛본 사람들이 닛신식품과 원조 치킨라멘에 반감을 가지기도 했다. 안도는 이런 사태를 방치할 수 없었고, 치킨라멘의 상표등록과 제조 기술에 대한 특허를 취득해 브랜드를 확보했다. 치킨라멘에 대한 상표권을 내세워 모조품을 몰아내기 위해 노력하자 상황은 점차 해결되기 시작했다. 그리고 1964년 안도는 일본 라면 공업 협회를 발족해, 초대 이사장에 취임해 일본 인스턴트 라면 업계의 발전을 위해 노력한다.

시간이 지나며 혁신적인 아이디어와 새로운 맛을 경쟁력으로 치킨라멘에 대항하는 경쟁 라면 제품들이 속속 등장했다. 당시 라면은 면 자체에 양념이 조미되어 있었는데, 이런 라면은 변질이 쉬웠고, 맛 조절도 쉽지 않았다. 이런 불편함을 캐치한 경쟁사 묘조식품(明星食品)[7]은 스프를 별도로 포장해 넣는 방식을 고안해 '스프 별도 묘조라멘(スープ付・明星ラーメン)'을 출시했는데, 스프 양을 조절해 맛을 선택할 수 있고, 면에 스프가 조미된 라면들보다 맛이 오랫동안 보존되어 큰 인기를 얻었다.

묘조식품 외에도 여러 회사에서 아이디어를 바탕으로 한 다양

6 삼양식품의 불닭볶음면을 카피한 수많은 모조품 라면들이 중국 내에서 등장했던 것과 유사하다.

7 묘조식품은 한국에 최초로 인스턴트 라면 제조 기술을 전수해 준 고마운 기업이다.

한 라면을 출시했고, 일본 라면 시장의 경쟁은 더욱 치열해졌다. 일본 내 인스턴트 라면의 수요가 정점을 찍고 둔화하는 상황 속에서, 라면의 공급은 더욱 늘어났기 때문에 인스턴트 라면 가격은 지속해서 하락했다. 경쟁이 심화하자 원조 인스턴트 라면 치킨라멘으로 성공한 닛신식품마저도 어려운 상황에 봉착했다.

세계 최초의 인스턴트 컵라면의 모습(과거와 현재)

세계 최초의 컵라면 '컵누들(カップヌードル, Cup Noodles)'의 발명

안도 모모후쿠 회장은 회사의 지속적인 발전을 위해 현실에 안주해서는 안 된다고 생각했다. 그리고 안도가 어려운 상황을 타개하기 위해 생각한 것은 미국 수출이었다. 세계에서 가장 부유한 나라 미국에 치킨라멘을 수출한다면, 경영난을 극복할 수 있다고 생각해 미국 출장길에 올랐다. 그런데 미국 출장 중 안도에게 큰 감명을 주는 사건이 발생한다.

미국 바이어들을 만나 치킨라멘을 소개하는 자리였는데, 미국 바이어들은 안도가 소개한 봉지면 형태의 치킨라멘을 어떻게 먹어야 할지 몰라 당황했다. 그러던 중 한 바이어가 종이컵을 가져와 치킨라멘을 부숴 컵에 넣고 뜨거운 물을 부어 익혀 포크로 라면을 먹기 시작했다. 미국 바이어가 치킨라멘을 먹는 모습을 보고 안도는 충격을 받았다. 미국인들에게는 일본인과 달리 라면을 먹을 젓가락과 사발이 없다는 것을 깨달았고, 인스턴트 라면을 전 세계 사람들이 즐기는 음식으로 만들려면 식문화와 식습관의 차이를 극복할 수 있는 혁신이 필요하다고 생각했다. 안도는 미국 출장길에서 '컵라면'을 개발하겠노라고 결심한다.

일본 출장 중 미국 바이어를 만난 안도의 모습을 표현한 애니메이션 장면
(오사카 컵라면 박물관)

안도는 일본으로 돌아와 닛신식품의 젊은 연구원들에게 '언제 어디서든 뚜껑을 열고 뜨거운 물을 부어 즉시 먹을 수 있는 라면'의 개발을 지시했다. 연구원들은 갑작스러운 안도의 지시에 어리둥절했지만, 안도는 컵라면 개발을 적극적으로 밀어붙였고, 닛신식품의 젊은 연구원들은 안도의 지도하에서 컵라면을 개발하기 위해 밤낮으로 연구에 몰두한다.

하지만 세상에 없던 컵라면을 최초로 개발하는 과정에서 해결해야 할 문제는 한둘이 아니었다. 두께 6cm의 면 다발을 고르게 튀기는 기술, 한 손에 쉽게 들 수 있으면서도 뜨겁게 느껴지지 않는 용기 개발, 컵라면에 적합한 동결건조 건더기 개발 등 모든 것이 최초의 도전이었기 때문이다.

컵라면 용기를 개발하는 것부터가 큰 난관이었다. 한 손에 잡힐 수 있으면서도, 뜨거운 물을 부었을 때 잡고 있는 손이 뜨겁게 느껴지지 않도록 만들어야 했다. 그리고 그런 목적을 달성하기 위해 연구원들은 수많은 형태와 용기 재질을 연구했다. 그리고 연구원들이 주목한 것은 얇고 가벼우면서도 단열성이 뛰어난 발포 스티로폼(폴리스티렌)이었다. 스티로폼을 이용해 컵 모양으로 만든 용기는 손으로 들고 간편하게 먹을 수 있었고, 단열도 잘 되어 라면이 금방 식지 않게 만들었다.

다음으로 면을 용기 속에 부서지지 않게 고정하는 기술이 필요했다. 스티로폼 용기 속에 면을 넣으면 운송 중에 흔들리면서 부서져 버리는 것이 다반사였다. 컵라면을 제대로 만들어 판매하려면 면이 부서지는 문제를 해결해야 했다. 그리고 이러한 문제를 해결하기 위해 컵 바닥보다 면의 지름을 넓게 만들어 면을 컵 중간에 고정하는 '중간 유지법'을 개발한다. 하지만 대량 생산 과정에서 면을 용기에 넣을 때 면이 잘 고정이 안 되고 튀어나왔다. 이러한 문제 해결을 고민하던 안도는 천장과 바닥이 빙빙 돌아가는 기이한 꿈을 꾸는데, 꿈으로부터 힌트를 얻어, 라면 제조 과정에서 용기와 면의 위치를 바꿔보기로 결심한다. 라면 제조 과정에서 면을 아래에 두고 용기를 위에서 씌우는 방식으로 바꾸니 면이 용기 중간에 잘 고정되었고, 면이 부서지지 않았다.

하지만 또 해결해야 할 문제가 있었다. 바로 컵라면에 적합한 건더기의 개발이었다. 안도는 세계 최초의 컵라면 가격을 정가 100엔으로 책정했는데, 1971년 당시 100엔은 엄청난 고가였다.[8] 당시 봉지라면이 1개 25~35엔 정도에 팔렸기 때문에, 1개 100엔이라는 가격은 소비자들이 받아들이기 어려운 비싼 가격으로 느껴졌다. 그렇기에 안도는 컵라면의 비싼 가격을 소비자들이 받아들이기 위해 고급스러운 건더기가 필요하다고 생각했다. 그리고 그

컵누들의 내부 모습과
'중간유지법'

8 안도는 치킨라멘과 마찬가지로 세계 최초의 컵라면도 비싼 가격에 출시한다. 물론 세계 최초이니만큼 비싼 가격을 받고자 하는 것도 당연하리라 생각된다.

의 머릿속에 들어온 것은 큼직한 새우였다. 담당 연구원에게 큼직하고 빨간 새우 건더기가 있다면 소비자들이 컵누들의 가격을 이해할 수 있다고 말하며 연구원에게 컵라면에 적합한 새우를 찾을 것을 지시한다.

그러나 컵라면 속에 넣을 적합한 빨간 새우를 찾아내는 것은 꽤 어려운 일이었다. 연구원들이 60종류 이상의 새우를 찾아 실험했지만, 동결건조 과정에서 맛이 변하거나 품질이 유지되지 않아 컵라면에 사용하기 어려운 경우가 다반사였다. 그래도 연구원들은 절박한 마음으로 새우를 찾아 나섰다. 당시 오사카에서 판매되고 있는 모든 새우를 시험해 보겠다는 각오로 찾아 나서던 중 음식점에서 우연히 적합한 새우를 찾아냈는데, 그 주인공은 당시 일본에 거의 수입되지 않았던 인도양 산 푸바란(poovalan) 새우였다. 푸바란 새우는 동결건조 과정에서도 빨간색과 새우의 맛, 품질이 유지되었다. 큼직한 새우가 컵라면 위에 올라가니 컵라면은 고급스럽고 푸짐해 보였다. 큼직한 새우가 올라간 컵라면을 보고, 안도는 성공을 직감했다. 그리고 안도는 새로운 발명품이자, 세계 최초의 인스턴트 컵라면의 이름을 '컵누들(カップヌードル, Cup Noodles)'이라고 부르기로 한다.

컵라면을 발명한 안도 모모후쿠 (닛신식품 제공)

컵누들의 마스코트 '큼직한 새우 건더기'

닛신식품은 1971년 9월 세계 최초의 컵라면 '컵누들'을 출시한다. 흥행을 기대했던 것과 달리, 비싼 가격 덕분에 컵누들에 대한 시장의 반응은 별로 좋지 않았다. 닛신식품의 영업팀은 밤낮으로 활동하며 홍보에 나섰지만, 도매 업체와 일반 소매점 사이에서는 비싼 가격 때문에 컵누들에 대한 관심이 적었고, 주문도 들어오지 않았다. 컵누들이 정규 판매에서 반응이 좋지 않았기에 닛신식품은 특판 루트를 공략했다. 백화점, 관공서, 소방서, 경찰서, 자위대(군대) 등을 돌며, 컵누들을 홍보했다. 특판 루트에서 조금씩 좋은 반응을 얻어 나가고 있었지만, 여전히 컵누들에 대한 시장의 관심은 저조했고, 회사 내에서 컵누들에 대한 우려가 커지기 시작했다. 하지만 안도는 컵누들의 성공을 확신했고, 컵누들을 포기하지 않았다.

하지만 안주하고 있을 수는 없었다. 안도는 컵누들에 대한 대중의 관심을 끌기 위해 젊고 트렌디한 사람들에게 인기 있는 장소에서 컵누들을 알리는 아이디어를 냈고, 안도의 눈에 들어온 장소는 일본 젊은이들에게 명소로 유명했던 도쿄 긴자(銀座)의 보행자천국(歩行者天国)이었다.

긴자 중심가에 있는 미쓰코시 백화점 앞에서 컵누들 홍보를 시작했는데, 안도는 직접 시식회를 진두지휘했다. 보행자천국을 거니는 사람들은 처음에는 컵누들에 관심이 없었고, 판촉 행사에 당황했지만 하나둘 컵누들을 맛보기 시작했고, 이런 모습을 보고 궁금해진 인파가 모여 어느새 컵누들을 맛보기 위한 긴 줄이 생겼다. 긴자 거리에서 길게 줄지어 서서 맛보는 컵누들의 이야기는 전국으로 퍼져나갔고, 컵누들은 하루 2만 개 이상 팔리기도 했다. 하지만 여전히 소매점에서 컵누들의 반응은 뜨겁지 않았다. 안도는 컵누들의 판매를 촉진하기 위해 컵라면 자판기를 개발하는 등 다양한 방식으로 컵누들을 판매하고 있었고, 컵누들이 성공할 것이라고 확신하며 열심히 마케팅했다.

그런데 단번에 컵누들의 수요가 폭발하게 되는 사건이 발생한다. 1972년 2월, 일본 전역을 뒤흔든 아사마 산장 사건(あさまさんそうじけん)이다. 아사마 산장 사건에서 일본 혁명 무장단체가 산장 관리인 부인을 인질로 잡고 열흘간 경찰과 대치했는데, 당시 사건을 중계하는 TV 프로그램 시청률이 80%가 넘었을 정도로 일본인들의 이목을 사로잡았던 사건이었다. 당시 산장을 포위하고 있던 기동대원들이 엄청난 추위로 고통 겪었는데, 서서 따끈한 컵누들을 먹으며 허기를 달래는 모습이 TV로 생중계되었다. 일본 사람들은 기동대원들이 먹고 있던 음식에 대한 호기

긴자의 보행자 천국에서 젊은 사람들이 컵누들을 먹고 있는 모습(닛신식품 제공)

컵누들 매출을 위해 개발했던 컵라면 자판기(오사카 컵라면 박물관)

심이 폭증했고, 그 날 방송 후 일본 전역에서 컵누들은 날개 돋친 듯 팔려나갔다. 컵누들은 대히트를 쳤고, 이후 일본인에게 친숙한 식품으로 사랑받게 되었다. 치킨라멘의 성공에 이어 컵누들의 흥행으로 일본 라면 업계에서 닛신식품의 지위는 확고해졌다. 닛신식품은 꾸준한 혁신과 노력으로 일본인과 전 세계 사람들이 즐겨먹는 다양한 베스트셀러 제품을 출시했다. 야끼소바 UFO(1976년), 돈베이 키츠네 우동(1976년), 라오(1992년) 등 쟁쟁한 라면들을 출시해 지금까지 일본인들과 전 세계 사람들에게 사랑받고 있다.

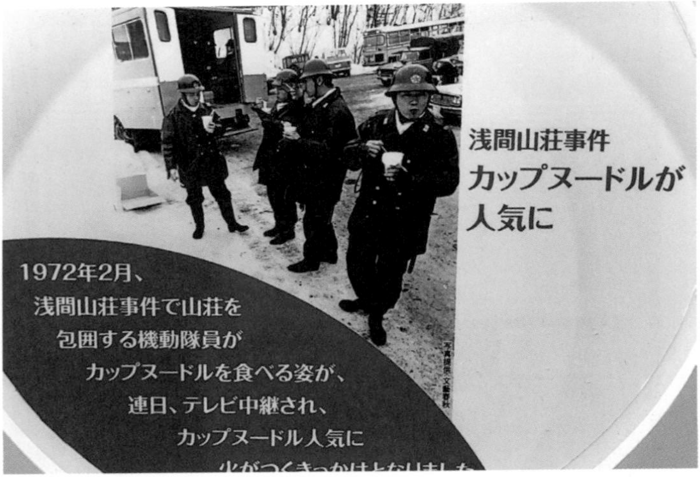

아사마 산장 사건 당시 컵누들을 먹는 경찰의 모습(오사카 컵라면 박물관)

닛신식품은 자신들의 역사를 컵라면 박물관[9]과 닛신식품 공식 홈페이지[10]를 통해 자세히 소개하고 있다. 특히 닛신식품에서 세운 컵라면 박물관에 가면 닛신식품에서 출시했던 800여 종 이상의 라면들을 연도순으로 볼 수 있다. 꼭 한번 가보길 바란다.

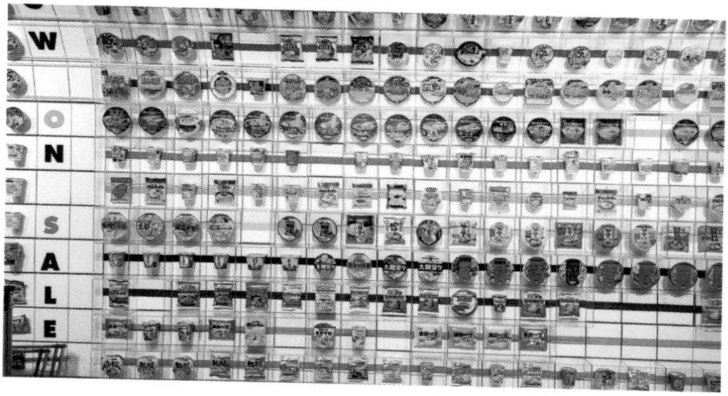

닛신식품의 대표 제품 소개 (앞에서 소개한 치킨라멘, 컵누들 제외)

야키소바 UFO(日清焼そばU.F.O.)

1976년 출시된 닛신 야키소바 제품은 업계 최초의 둥근 접시형 용기 형상과 'UFO'라는 네이밍이 젊은 층을 중심으로 인기를 얻었다. 야키소바 컵라면은 닛신에서 최초로 출시한 것이 아니

9 닛신식품의 컵라면 박물관은 일본 오사카 이케다, 요코하마 2곳에 세워져 있다.

10 닛신식품 공식 홈페이지 https://www.nissin.com/jp

었음에도, 야키소바 UFO 컵라면은 엄청난 인기를 얻어 일본의 대표 야키소바 라면으로 자리 잡았다. 기본 사이즈는 원형 제품으로 판매되지만, 양이 많은 점보 사이즈 제품은 사각 용기로 판매된다.

UFO 라면 시리즈는 오리지널 야키소바 라면 외에도 마요네즈 맛, 훈제 마요 소금 갈비 맛, 버섯 버터 맛 등 다양한 맛이 판매되고 있는데, 최근에 한국의 까르보 맛을 구현한 한국풍 볶음면 제품이 출시되어 화제가 되었다. UFO 시리즈는 맛이 독특한 제품이 많아 한국 사람들에게 어려울 수 있지만, 야키소바를 좋아한다면 오리지널 UFO 야키소바 컵라면을 꼭 한번 먹어보길 바란다.

닛신 야키소바 UFO 볶음면의 모습

삼양 까르보 불닭볶음면과 비슷해 논란이 되었던 닛신 UFO 한국풍 볶음면

돈베이 키츠네 우동(日清のどん兵衛きつね)

1976년 8월 출시된 돈베이 키츠네 우동은 가다랑어 다시마, 간장 등으로 맛을 낸 우동 라면으로 동일본용과 서일본용으로 출시되었다. 큼직한 유부 건더기가 마스코트로 출시 후 꾸준한 인기를 얻고 있다.

돈베이 시리즈 또한 고기 우동 맛, 카레 우동 맛, 덴푸라 우동 맛, 덴푸라 소바 맛, 키츠네 소바 맛 등 다양한 제품이 판매되고 있다. 한국 사람들의 입맛에도 잘 맞는 편이니, 일본에 간다면 꼭 한번 맛보길 바란다.

닛신 돈베이 유부 우동

닛신 돈베이 덴뿌라 소바

라오(日清ラ王)

1992년 9월 출시된 라오 제품은 닛신식품의 독자적인 제면법에 의해 만들어진 건면 타입의 용기면으로, 출시 후 큰 인기를 끌었다. 쇼유 맛, 미소 맛, 시오 맛 등 다양한 맛이 출시되어 있으며, 고급스러운 제품으로 인기가 좋다.

일본인이 만든 20세기 최고의 상품에 1위 컵누들, 6위 치킨라멘이 뽑혔다.

91세에 우주라면 개발 프로젝트를 지휘하다

세계 최초의 인스턴트 라면 '치킨라멘'과 세계 최초의 컵라면 '컵누들'을 개발한 안도는 이후에도 도전을 이어갔다. 어디를 가도 어느 상황에서도 먹을 수 있는 라면을 개발하겠다는 철학을 바탕으로 '우주라면 개발'을 발표한다.[11] 그리고 일본인 우주비행사 노구치 소이치(野口聰一)가 안도의 제안에 화답해 라면을 우주에 가져가고 싶다고 말했고, 안도는 91세의 나이로 우주라면 개발을 진두지휘한다.

우주라면을 개발하는 과정에는 난관이 많았다. 무중력 상태에서 스프가 공중에 떠다니지 않도록 개발해야 했고, 무중력 상태에서 맛을 제대로 느낄 수 있도록 조절해야 했다. 하지만 안도의 지도하에 닛신식품의 연구진은 총력을 다했고, 결국 우주라면 '스페이스 램(スペース・ラム, Space Ram)'을 개발했다.

스페이스 램은 2005년 7월 우주왕복선 디스커버리호를 타고 우주로 보내졌는데, 노구치 소이치 우주비행사는 디스커버리호 안에서 스페이스 램을 맛있게 먹었고, 그의 모습은 영상으로 남겨져 라면을 좋아하는 전 세계 사람들에게 큰 관심을 불러일으켰다.

---

11 한국에서도 2007년 농심과 한국원자력연구원이 손잡고 '우주 신라면'을 개발했다.

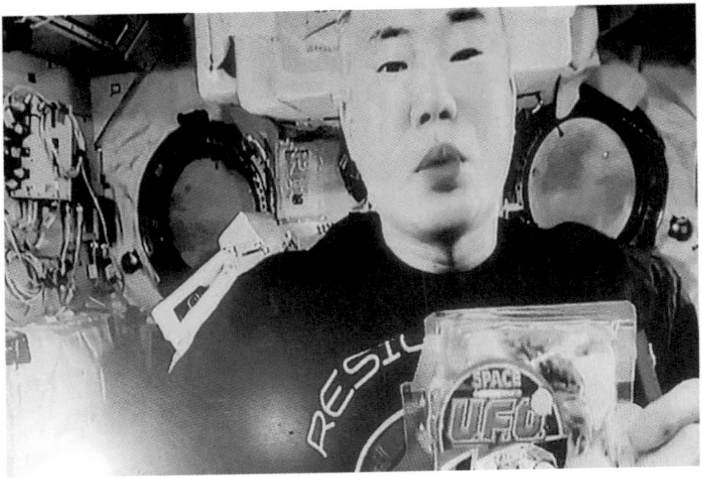

노구치 소이치 씨가 우주에서 라면을 소개하는 모습(오사카 컵라면 박물관)

라면왕 안도 모모후쿠 회장의 영면

안도는 90대에도 왕성하게 활동했다. 종종 기자들이 라면이 몸에 나쁘지 않냐고 질문했는데, 이에 안도는 "저는 창업 이래 매일 라면을 먹었는데, 90세가 되어도 이렇게 건강합니다, 제가 무엇보다 좋은 산증인입니다"고 대답했다.[12] 그리고 기자가 건강과 장수의 비결을 물어보면, 라면과 함께 음식을 골고루 먹었고, 운동을 꾸준히 했기 때문이라고 대답했다.

우주라면 개발에 성공한 후, 2006년에도 안도는 활발하게 활

12 "私は創業以来毎日インスタント ラーメンを食べてきましたが、90歳になってもこんなに健康です。私がなによりの生き証人です"(출처: 転んでもただでは起きるな! – 定本・安藤百福)

동했다. 2006년 말, 95세의 안도는 고령에도 유통 점포 시찰을 다녔으며, 종무식을 마치고 골프를 즐겼을 정도로 건강했다. 그리고 2007년 새로운 해를 맞이해 시무식에서 훈시했고, 떡이 들어간 치킨라멘을 맛보기도 했다.

노년의 안도 모모후쿠의 모습
(닛신식품 제공)

하지만 96세의 나이에 너무 무리했던 걸까? 시무식을 마치고 며칠 후 그는 열이 올랐다. 건강했던 그가 고열로 치료를 받던 중 2007년 1월 5일 아침, 갑작스럽게 심장마비로 세상을 떠난다. 향년 96세, 라면왕 안도 모모후쿠 회장의 조용한 마지막이었다.

안도의 장례식에는 고이즈미 준이치로 전 총리를 포함한 일본의 저명인사들이 줄을 이었고, 추모행사에 6500명의 인파가 몰렸다. 그리고 미국 뉴욕타임스에서는 라면왕 안도를 추모하는 기사를 냈다.

그의 삶은 한 편의 드라마였다. 실제로 일본 NHK에서는 안도의 이야기를 151부작 드라마 '만복(まんぷく, 만푸쿠)'을 통해 풀어냈는데, 많은 일본인이 드라마로 연출된 그의 이야기에 감동했다. 국내 시청자들도 만복 드라마를 통해 그의 이야기를 접할 수

있었다.[13]

안도 모모후쿠 회장이 없었다면 과연 이렇게 맛있는 인스턴트 라면이 세상에 나올 수 있었을까? 라면을 즐기는 한 사람으로서, 인스턴트 라면 발명으로 인류에 이바지한 그에게 깊은 경의를 표한다.

라면왕 안도 모모후쿠 회장의 모습(오사카 컵라면 박물관)

---

13 OTT 프로그램에서 만복 드라마를 볼 수 있는데, 티빙, 웨이브 등에서 시청이 가능하다.

닛신식품 주요 연혁

1957~	안도 모모후쿠 인스턴트 라면 개발 착수
1958.08	세계 최초 인스턴트 라면 치킨라멘(チキンラーメン) 출시
1958.12	닛신식품(日清食品)으로 상호 변경
1959.08	다카쓰키(高槻) 본사 공장 준공
1964.10	요코하마(横浜) 공장 준공
1968.02	데마에잇쵸(出前一丁) 출시
1970.09	미국 닛신 로스앤젤레스 공장 준공
1971.09	세계 최초의 컵라면 컵누들(カップヌードル) 출시
1976.05	닛신 야키소바 U.F.O(日清焼そばＵ.Ｆ.Ｏ) 출시
1976.08	닛신 돈베이 키츠네 우동(日清のどん兵衛きつね) 출시
1984.10	홍콩 닛신 설립
1991.08	인도 닛신 공장 준공
1992.09	닛신 라오(日清ラ王) 출시
1994.01	태국 닛신 설립
1999.11	인스턴트 라면 발명기념관(インスタントラーメン発明記念館) 준공
2005.07	세계 최초의 우주라면 스페이스 램(スペース・ラム) 출시
2007.01	안도 모모후쿠 급성 심근경색으로 사망 (향년 96세)
2011.09	요코하마 컵라면 박물관 오픈
2021.03	홍콩 컵라면 박물관 오픈

2부

한국 라면 산업의 뿌리 삼양식품과 농심 이야기

01

한국 라면의 원조 '삼양라면'을 만든 전중윤 회장과 삼양식품

삼양식품의 창업주 이건 전중윤(以建 全仲潤) 회장

일본과 한국에서 라면이 처음 시작된 이야기를 살펴보면, 비슷한 점이 많다. 일본은 2차 세계대전 후, 한국은 6.25 전쟁 후 식량난을 해결하고자 하는 목표에서 라면이 생겨났기 때문이다.

6.25 전쟁 후 극심한 식량난을 겪었던 대한민국

6.25 전쟁의 피해는 심각했다. 전쟁으로 도로, 공장, 병원 등 거의 모든 사회 기반 시설이 붕괴했고, 거리마다 전쟁고아와 피난민들을 볼 수 있었다. 전쟁으로 한국의 국가 경제는 파탄 났고, 사람들은 굶주림에 허덕였다. 이러한 상황 속에서 당장 할 수 있는 것은 많지 않았다. 극심한 빈곤으로 어려움을 겪는 한국 사람들에게 해외 원조는 너무나도 귀중했다. 미국은 일본과 마찬가지로 한국에 탈지분유와 밀가루를 원조했고, 미국의 원조 속에서 대한민국은 굶주림에서 탈출하는 것이 국가 제일의 목표가 되었다.

한국 최초의 라면
'삼양라면'(삼양식품 제공)

이렇게 어려운 대한민국 사회를 걱정하는 이가 있었다. 바로 국내 최초의 라면 '삼양라면'을 개발한 삼양식품 창업주 故 전중윤(全仲潤) 회장이다. 일본에 안도 모모후쿠가 있었다면 한국에는 전중윤이 있었다. 전중윤 회장이 어떻게 한국 최초의 라면 '삼양라면'을 만들기로 결심했는지 그의 삶을 통해 살펴보자.

유복한 환경에서 자란 사업가 전중윤의 고뇌

전중윤 회장은 1919년 8월 강원도 철원에서 태어났다. 비교적 유복한 환경에서 태어난 그는 어릴 적 좋은 환경에서 교육받았다. 선린상업학교에 진학하여 졸업 후, 조선총독부 체신국 보험과에 임용되어 공무원 생활을 했다.

광복 후에는 정부가 추진한 공예품 수출에 앞장서기도 했다. 해외로 출장 갈 일이 종종 있었는데, 미국 출장 중 뉴욕 맨해튼 중심지에서 당당하게 자리를 잡고 있는 미국 생명보험 회사들의 모습을 보고 큰 감명을 받아 보험 사업에 뛰어들 결심을 한다. 귀국 후 체신국 보험과에서 일한 경험을 바탕으로 보험 사업을 시작했고, 1957년 동방생명보험 주식회사의 부사장이 된다. 전중윤은 보험업계에서 자신의 능력을 한껏 발휘한 것이다.

보험업을 하면서 출장이 잦았는데, 전중윤은 일본 출장 중 우연히 인스턴트 라면을 알게 된다. 일본 사람들이 무엇인가 구입하기 위해 길게 줄지어 있는 모습을 보고 전중윤도 호기심이 생겨 줄을 서서 구입했는데, 그 때 그가 만난 것이 바로 인스턴트 라면이었다. 숙소에 돌아와 그릇에 라면을 넣고, 뜨거운 물을 부어 라면을 먹어보았는데, 생각보다 입맛에 잘 맞았다. 출장 중 간편하게 맛본 라면의 경험은 전중윤에게 큰 감명을 주었고, 후에 전중윤이 라면 사업을 뛰어드는 데 큰 역할을 한다. 전중윤은 출장 후 한국에 돌아와 보험업계에서 승승장구했고, 1961년에는 제일생명보험회사의 사장 자리에까지 오른다.

회사 경영에 매진하던 전중윤은 남대문 시장 근처에서 특별한 광경을 목격한다. 솥에서 끓인 어떤 음식을 판매하고 있었는데, 사람들이 그 음식을 먹기 위해 길게 줄 서 있는 모습을 발견한 것이다. 다가가 살펴보니 가격이 단돈 5원이라고 적혀 있었다. 당시 버스요금이 8원, 커피 한 잔의 가격이 35원 정도였다고 하니, 5원은 아주 저렴했다. 저렴한 가격에 음식을 파는 곳에 수많은 인파가 몰려있는 것을 보고 지난번 일본에서 라면을 구입했을 때처럼 전중윤은 호기심이 생겨 줄을 서서 음식을 먹어보기로 결심한다. 그리고 오랜 시간을 기다려 음식을 받았다.

오랜 시간을 기다려서 받아 든 음식의 모습은 처참했는데, 그 음식의 이름은 꿀꿀이죽[1]이었다. 꿀꿀이죽은 미군 부대에서 먹고 남은 잔반을 이용해 만들었던 잡탕이었는데, 음식물 찌꺼기로 만든 만큼 사람이 먹기 힘든 것들도 종종 들어있었다. 죽 속에 미군이 먹던 햄이나 소시지가 들어있으면 최고였지만, 사람이 먹을 수 없는 단추나 나무 조각 등 사람이 못 먹는 쓰레기가 나오기도 했다.

전중윤은 받은 꿀꿀이 죽을 휘저어 보았는데, 죽 속에서 담배꽁초도 나왔다. 그리고 전중윤은 꿀꿀이죽을 먹기 위해 긴 줄을 선 인파와 꿀꿀이죽의 처참한 모습을 보고 울컥했다. 당장 한 끼 식사도 제대로 해결할 수 없는 한국의 극심한 식량난 속에서 미

1 꿀꿀이죽은 일명 유엔탕(UN탕)이라고도 불렸다.

래의 위험을 대비하는 보험업이 어떤 의미가 있을지 되돌아보았다. 그리고 전중윤은 한국 사람들의 굶주림을 해결하기 위해 무엇인가 해야 한다고 느꼈다. 그리고 그의 머릿속에 떠오른 것은 일본 출장 중 맛보았던 인스턴트 라면이었다. 전중윤은 미국에서 원조되는 밀가루를 이용해 인스턴트 라면을 만든다면 한국의 식량 사정을 개선할 수 있다고 생각했고, 인스턴트 라면을 만들겠다고 결심한다.

보험업을 그만두고 라면을 만들겠다는 전중윤의 결심을 들은 주변 사람들은 크게 놀랐고, 전중윤의 생각을 반대했다. 보험업계에서 승승장구하던 전중윤이, 식량난을 해결하기 위해 라면을 만들겠다는 것이 이해되지 않았기 때문이었다. 하지만 전중윤은 결심을 굳혔고, 주변의 반대 속에서도 제일생명 사장을 그만두고 식품 사업에 도전한다. 이때 그의 나이는 42세였다.

국내 식량 문제를 해결하기 위해 라면 사업에 도전하다

전중윤은 라면을 만들기 위해 먼저 식용유가 필요하다고 생각했다. 1961년 8월, 전중윤은 '삼양제유주식회사'를 세워 식용유 사업에 도전한다. 전중윤은 자신이 식품 사업을 하게 된 결심을 삼양(三養)이라는 회사 이름에 담았다.

三養工業株式会社

삼양(三養)

삼(三): 세상을 구성하는 3요소, 하늘(天), 땅(地), 사람(人)을 의미.

양(養): 食(먹을 식)자를 품고 있으며, 풍부한 영양을 제공하고자 하는 의지를 표현.

삼양이라는 회사명에는 식품으로 세상을 이롭게 하겠다는 전중윤의 포부가 담겨있다. 그리고 이후 식용유 외에 식품 전반을 생산하기로 결심하며 '삼양공업 주식회사'[2]로 사명을 변경한다.

라면 사업 진출을 결심한 그였지만, 라면이 어떻게 만들어지는지 잘 알지 못했다. 일본에서 다양한 라면을 구입해와서 직원들과 함께 라면을 연구하고 개발을 위해 노력했지만, 독자적인 기술로 라면을 만드는 것은 보통 일이 아니었다. 계속되는 실패 속에 라면 개발은 좌초 위기에 놓였다.

전중윤은 일본으로부터 라면 제조 설비를 들여오기로 결심한다. 그런데 라면 기술과 설비를 도입하기 위해서는 엄청난 돈이 필요했다. 전중윤의 사재를 털어 자금을 확보해도 설비를 도입하기에는 부족했다. 전중윤은 포기하지 않았고, 자금 확보에 사활을 걸었다. 라면이 한국의 식량난 해결에 도움이 될 것이라고

---

2 당시에는 식품 회사의 이름이 '~공업'이라고 지어지는 경우가 많았다.

확신했기에, 정부의 지원을 받기 위해 정부 부처를 뛰어다녔다. 그리고 그 과정에서 전중윤은 당대 최고 실세였던 김종필 중앙정보부장과 만날 수 있는 소중한 기회를 얻었다.

권력 실세였던 김종필 중앙정보부장과의 만남은 큰 기회이기도 했지만, 서슬 퍼런 권력과의 만남이었기에 매우 위험하기도 했다. 하지만 전중윤은 우리나라의 식량난을 개선하기 위해 정부 지원이 절박했기에 다른 선택지는 없었다. 김종필 부장을 만나자마자 자신이 구해온 라면을 끓여 맛보도록 했다. 그리고 그 앞에서 라면이라는 음식을 소개하며, 정부의 지원을 받아 한국에서 라면을 생산할 수 있게 된다면 굶주림 문제가 많이 해결될 수 있다고 말하며 간곡히 설득한다.

전중윤의 말을 들은 김종필 부장은 전중윤의 말에 공감했지만, 당장 지원할 수 있는 돈이 없다고 말했다. 하지만 이대로 물러설 전중윤이 아니었다. 감히 쳐다보기도 어렵다는 중앙정보부장 앞에서 목숨을 걸고, 정부 지원이 절실함을 강력하게 주장한다.

나라를 위해 목숨을 걸고 이야기하는 전중윤의 모습에 감동한 김종필 부장은 정부에서 지원받을 수 있는 자금이 있는지 즉시 알아봐 주었고, 전중윤이 정부로부터 5만 달러를 지원받을 수 있도록 도와준다.

라면 제조 설비 구입을 위해 일본으로 떠나다

그러나 정부로부터 받은 5만 달러는 일본에서 라면 제조 설비를 구입해 오기에 넉넉한 돈이 아니었다.[3] 자금이 부족했기 때문에 일본에서 제조 설비를 도입할 수 있다는 확신은 없었지만, 전중윤은 희망을 가지고 일본 출장길에 오른다.

전중윤은 일본에 도착하자마자 라면 제조 설비 구입과 라면 기술 도입을 위해 회사들과 접촉한다. 그러나 역시 라면 제조 설비 도입은 쉽지 않았다. 일부 업체들은 아예 만나주지조차 않았고, 접촉한 라면 회사들은 고가의 가격을 제시하거나, 무리한 로열티를 제시하는 등의 방법으로 라면 제조 설비 판매를 거절했다. 좌절한 상황이었지만 이번에도 전중윤은 포기하지 않았고, 도움을 받을 수 있는 양심적인 업체를 수소문한다. 그리고 이런 노력 끝에 우에다면기의 우에다 사장을 만나게 되었다.

전중윤은 우에다 사장에게 라면 사업을 하기 위해 일본에 왔으나, 라면 제조 설비를 구입하기 어려워, 제면 기계라도 구입하고 싶다는 의사를 밝혔다. 우에다 사장은 절실하게 라면 사업에 도전하는 전중윤의 모습에 감동해 도움을 주기로 결심한다. 그리고 전중윤에게 제면 기계만으로는 라면을 만들 수 없다며, 자신의 거래처이자, 라면 업계에서 스프 별첨 라면으로 돌풍을 이끌

3 일본에 건너가기 전, 전중윤은 라면 제조 설비 도입에 최소 6만달러 이상이 필요하다고 파악하고 있었다.

었던 묘조식품(明星食品)의 사장 오쿠이 기요스미(奧井清澄)를 만날 수 있도록 주선한다.

최초로 도입된 라면 생산 기계(삼양식품 제공)

큰 힘이 되어준 묘조식품과 오쿠이

묘조식품은 우에다면기와 다르게 라면을 제조할 수 있는 설비를 갖추고 있었고, 인스턴트 라면을 제조해 판매하던 회사였다. 라면 업계의 후발 주자였으나, 당시 면과 스프가 조미되어 있던 닛신식품 치킨라멘과 달리 스프를 별첨하여 넣는 발상의 전환으로 차별화에 성공해 일본 라면 시장을 놀라게 했다. 일본 라면 시장에서 혁신으로 분투하고 있던 묘조식품의 사장 오쿠이를 만날 수 있게 된 것은 전중윤에게는 큰 행운이자 기회였다.

처음 만난 자리에서, 전중윤은 절박한 마음으로 오쿠이에게 한국의 사정을 설명했다. 6.25 전쟁 후 식량난 속에서 꿀꿀이죽을 먹고 있는 한국 사람들을 보며, 식량난을 해결하기 위해 인스턴트 라면이 꼭 필요하다고 생각해, 일본에 라면 제조 설비 구입을 위해 오게 되었다는 사정을 이야기했다. 그리고 절실한 마음으로 오쿠이에게 도움을 요청한다.

참 운이 좋았던 것일까? 전중윤을 만나기 전 오쿠이는 파스타 제조설비와 기술을 얻기 위해 지구 건너편 이탈리아에 방문했고, 그 과정에서 한 업체로부터 큰 도움을 받은 상태였다. 말도 잘 통하지 않는 이탈리아에서 기술 도입을 위해 절실히 노력했던 자신의 모습이 일본에 와서 자신 앞에서 절실하게 도움을 요청하는 전중윤의 모습과 비슷하다고 느꼈다. 그리고 전중윤의 진심을 느꼈고, 자신이 이탈리아에서 받은 호의를 전중윤에게 베풀기로 결심한다.

두 번째 만남에서 오쿠이는 전중윤에게 협력을 약속했는데, 라면 제조 설비 2라인을 1000만 엔(2만 6800달러)에 제공하는 파격적인 안을 제시했고 로열티나 기술 제휴 비용은 일절 요구하지 않았다. 그리고 오쿠이는 전중윤에게 일본이 한국으로부터 받은 고마움을 자신이 대신 조금이라도 갚는다는 마음에서 도와주겠다고 말한다. 전중윤은 오쿠이의 제안을 기쁜 마음으로 받아들였고, 오쿠이가 베푼 호의에 고마움을 느꼈다.

오쿠이의 배려로 전중윤은 일본에 체류하는 동안 라면이 제조되는 과정을 묘조식품으로부터 배울 수 있었다. 하지만 묘조식품도 라면 제조 핵심 기술인 스프 제조 부분은 공유해 주지 않았다. 오쿠이와 묘조식품은 스프 제조 기술만큼은 가장 중요한 기밀이라 전수가 어렵다고 밝혔다. 전중윤은 오쿠이와 묘조식품의 사정을 이해했고, 주어진 환경 속에서 배울 수 있는 것들을 최대한 배웠다. 시간이 지나 귀국 날이 다가왔고, 전중윤은 오쿠이와 묘조식품 사람들에게 작별 인사를 하고 공항으로 향했다. 공항에서 귀국 비행기에 탑승하려고 기다리던 중, 멀리서 오쿠이의 비서실장이 전중윤을 급히 찾아왔다. 오쿠이의 비서실장은 전중윤에게 다가와 오쿠이가 쓴 편지를 전달했다. 전중윤이 편지를 뜯어보니, 편지 속에는 불굴의 의지로 라면 사업에 도전하는 전중윤을 응원하는 내용과 함께, 묘조식품의 기밀이었던 스프 배합표가 들어있었다. 오쿠이는 굶주림에 겪는 한국 사람들을 위해 절박하게 노력하는 전중윤을 위해, 위험을 무릅쓰고 기밀이었던 스프 배합비를 알려준 것이었다. 전중윤은 낯선 땅에서 만난 오

초창기 라면 제조 과정 모습
(삼양식품 제공)

쿠이의 호의에 감격했다. 전중윤은 반드시 맛있는 라면을 만들어 한국인들의 식량 사정을 개선해, 오쿠이의 호의에 보답하겠노라고 다짐한다.

삼양라면을 제조하던 공장의 전경(삼양식품 제공)

국내 최초의 라면 '삼양라면'의 출시

전중윤이 귀국하자 뒤이어 일본으로부터 라면 제조 설비가 들어왔다. 그리고 묘조식품은 기술진까지 한국에 파견해 삼양공업이 라면을 잘 생산할 수 있도록 도와주었다. 삼양공업은 묘조식품과 오쿠이의 도움에 힘입어 1963년 9월 15일 한국 최초의 라면 '삼양라면'을 출시할 수 있었다.

우리나라 최초로 출시된 삼양라면
좌측부터 63년, 64년, 65년(삼양식품 제공)

한국 최초로 출시된 삼양라면은 일본 라면들보다 라면의 양은 더 늘리면서도, 가격은 저렴하게 출시했다. 출시 당시 삼양라면의 가격은 10원이었는데, 앞에서 소개한 꿀꿀이죽이 5원, 담배는 25원, 커피가 35원 정도 했으니 저렴한 가격이었다. 한국 최초의 라면이었고 투자금 회수를 생각한다면 조금 더 비싸게 출시할 수 있었음에도 굶주림에 겪는 한국 사람들을 위해 저렴한 가격으로 출시한 것이다. 삼양공업 임직원은 저렴하게 출시한 삼양라면이 소비자들에게 호평받아 대박 날 것으로 기대했다.

價格表
커-피 35원
홍 차 35원
西紀1967年 1月 1日
서울市支部

그러나 시장의 반응은 기대와 달랐다. 삼양라면에 대한 한국 사람들의 반응은 냉담했다. 일본은 라면이라는 음식이 있었기에 인스턴트 라면은 일본인에게 친숙하게 받아들여졌지만, 한국인들에게 라면은 한 번도 먹어보지 못한 생소한 음식이었기에 인스턴트 라면에 대한 거부감이 컸다.[4] 심지어 라면의 이름이 섬유 '면(綿)'과 이름이 같다는 이유로 옷감이나 실로 오해하는 사람이 있을 정도였다.

초창기 삼양라면 지면광고
(삼양식품 제공)

출시 후 3년 동안 소비자들의 외면 속에 삼양의 매출 부진과 적자는 계속되었다. 회사의 부채가 쌓였고, 재무 상황은 나빠졌다. 하지만 어려운 상황 속에서도 전중윤을 포함한 삼양공업 임직원은 포기하지 않았다. 한국 사람들이 삼양라면의 맛을 알기만 한다면 성공할 수 있으리라 믿고, 생소한 라면을 알리기 위해 거리로 나섰다. 극장, 공원 등 길거리에서 사람들에게 시식 행사를 통해 삼양라면의 맛을 알렸다. 시식 행사에서 삼양라면을 맛본 소비자들은 점차 라면에 대한 거부감이 줄었고, 고소한 삼양라면의 맛에 빠진다. 맛있는 삼양라면에 대한 소문이 퍼졌고, 삼양라면 매출은 꾸준히 증가해 회사 사정이 나아지기 시작했다.

4 묘조식품의 오쿠이는 전중윤에게 한국은 라멘이라는 음식이 없기 때문에, 일본보다 더욱 다양한 모습의 라면이 만들어질 수 있다고 말했다고 전해진다.

삼양라면의 다양한 모습(인천상회 박물관)

정부의 혼분식 장려정책 속에서 기회를 얻은 삼양라면

조금씩 상황이 나아지고 있던 삼양에게 큰 행운이 다가왔다. 1965년 정부에서 쌀 부족 문제를 해결하기 위해 '혼분식 장려 운동'을 실시했는데, 이는 삼양에게 큰 기회였다. 혼분식 장려 운동 과정에서 라면이 쌀 부족 문제를 해결할 수 있는 대체 식품으로 주목받았다. 영양도 풍부하고, 간편하게 한 끼 식사를 대체할 수 있으며, 심지어 맛도 있는 라면은 전 국민의 관심을 끌었다. 혼분식 장려정책 속에서 라면은 날개 돋친 듯 팔려나갔다. 그리고 1965년 말 삼양공업은 삼양식품공업으로 사명을 바꾸며 라면 사업에 더욱 박차를 가한다.

그러던 중 삼양라면으로 전 국민의 사랑을 받던 삼양식품에 박정희 대통령의 전화가 왔다. 박정희 대통령은 삼양식품이 분식 장려 정책에 기여한 공을 높이 평가하면서 전중윤에게 라면 스프에 고춧가루를 넣어보는 것이 어떠냐고 제안한다. 평소 박정희 대통령은 삼양라면에 고춧가루를 넣어 먹었는데, 자신이 고춧가루를 라면에 넣어 먹으니 맛있었다고 전중윤에게 말해준 것이다.

출시 당시 삼양라면은 고춧가루가 들어가지 않았고, 닭고기 육수 베이스의 순한 라면이었다. 박정희 대통령의 전화 후 삼양공업은 삼양라면에 고춧가루를 넣기로 결정한다. 고춧가루를 넣은 스프를 사용한 삼양라면은 이전보다 조금 더 얼큰해졌다. 얼큰함을 조금 더한 삼양라면은 더욱 맛있어졌고, 이전보다 더 잘 팔리게 된다.

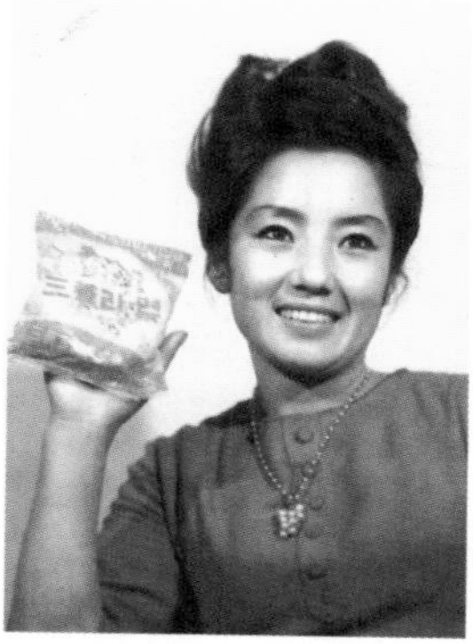

초창기 삼양라면 광고 모습
(삼양식품 제공)

삼양라면이 선풍적인 인기를 끌자, 라면 사업이 돈이 된다는 것을 직감한 많은 회사가 라면 사업에 도전했다. 라면 기업이 우후죽순으로 세워졌고, 풍년라면, 닭표라면, 해표라면, 아리랑라면, 해피라면, 스타라면, 롯데라면 등 다양한 라면들이 출시되어 삼양라면과 경쟁한다. 하지만 라면의 원조 삼양라면에 대한 소비자들의 신뢰는 엄청났고, 삼양라면의 시장 점유율은 무려 80%에 달했다. 삼양라면에 도전했던 많은 회사는 라면 사업에서 철수했고, 그중에서 롯데공업만 살아남아 삼양식품과 경쟁할 수 있었다.

삼양식품과 경쟁했던 다양한 회사의 라면들
(좌) 곡산라멘 (중) 풍년라면 (우) 롯데라면

한국 라면 시장의 왕좌에서 내려온 삼양식품

70년대 삼양라면 지면 광고. 다양한 제품의 라면이 보인다.(삼양식품 제공)

60~70년대 라면 업계에서 삼양식품은 1위 자리를 늘 지켜왔다. 하지만 80년대 초부터 후발 주자들의 추격이 거세졌다. 특히 농심이 출시한 라면들의 인기가 심상치 않았다. 80년대 초 농심

은 안성탕면, 육개장 사발면, 짜파게티 등을 출시했는데, 80년대 출시된 농심 라면들은 엄청난 인기를 얻으며 시장을 장악했다. 이뿐만이 아니었다. 신생 기업의 라면 시장 진출도 두드러졌다. 1983년 한국야쿠르트, 1984년 빙그레, 1985년 청보식품이 라면 사업 진출을 선언했다. 1980년대는 급속한 한국 경제의 발전 속에서, 수많은 라면이 출시되었던 라면 시장의 격변기였다.

라면 시장의 격변기 속에서 삼양식품은 농심에게 1위 자리를 내주게 되었다. 1979년 삼양 64%, 농심 35%였던 점유율은 80년대 초중반 출시되었던 농심 라면들의 대성공으로, 1985년 처음 농심이 삼양을 앞섰다. 그리고 1986년 매운맛으로 라면 시장의 판도를 뒤바꾼 농심 신라면이 출시되며 농심 라면의 인기는 치솟게 된다. 반대로 삼양 라면들의 인기는 주춤했고, 1989년 전국을 뒤흔들었던 '우지파동'으로 회복할 수 없을 정도로 큰 타격을 입었다.

라면 업계를 뒤흔든 우지파동과 삼양식품의 위기

1989년 11월 검찰에 익명 투서가 들어왔다. 투서의 내용은 "라면, 쇼트닝, 마가린 등을 공업용 우지로 만든다"는 것이었다. 이 투서로 검찰은 삼양을 포함한 여러 회사를 기소하는데, 이 사건이 바로 우리나라 식품업계에서 가장 큰 사건으로 언급되는 '우지파동'이다. 당시 검찰은 5개 식품회사(삼양식품, 오뚜기식품,

삼립유지, 서울하인즈, 부산유지 등)를 적발하고 회사 대표 및 실무 책임자를 식품위생법 위반으로 구속 입건한다.

당시 삼양식품을 비롯한 5개 국내 식품업체는 미국산 우지를 수입해서 사용하였는데, 1등급 식용 우지가 아닌, 2등급, 3등급의 비식용 우지를 수입해 온 뒤, 정제 과정을 거쳐 사용했다. 그런데 1989년 식품공전에서 원료 규제 조항이 개정된 후, 검찰은 개정된 식품공전 중 원료조항에 위배된다고 기소했다. 검찰이 식품회사를 기소하자 언론에서는 공업용 우지로 라면과 마가린을 만들었다고 보도했고, 소비자들은 동요하기 시작한다.

소비자단체는 삼양식품의 사과와 제품의 전량 수거, 유통업자들의 해당 제품 판매 중지, 사태 재발 방지를 위한 보건사회부(현 보건복지부)의 항구적 대책 마련을 주문하기에 이르렀다. 이런 상황에서 삼양식품에 대한 소비자들의 신뢰는 무너졌고, 삼양라면의 매출은 급감했다. 삼양식품은 존폐 위기에 처한다.

당시 보건사회부는 회수한 라면을 검사했는데, 회수한 라면들에서 이상이 없다는 결과가 나왔다. 또한 정부, 검찰, 소비자단체로 구성된 조사 위원회에서도 우지로 만든 라면에 이상이 없다고 밝혀졌다. 우지로 만든 라면이 문제가 없다고 밝혀졌지만, 삼양식품이 입은 타격은 되돌릴 수 없었다.

삼양식품은 공장 가동 중단, 100만 상자 이상의 라면 회수 등을 통해 수백억 원의 금전 손실을 얻었고, 60개국 이상에 라면을 수출하며 해외 시장 개척을 위해 노력했던 것이 모두 물거품이 되었다. 이뿐만 아니라 삼양식품 임직원 1000여 명이 구조조정에 내몰리는 등 엄청난 비극이 발생했다.

하지만 실제로 먹을 수 없는 공업용 소기름으로 라면을 만든 것이 아니었기에, 1989년에 시작된 우지파동은 7년 9개월의 법정 공방을 통해 무죄 판결을 받았다.

무죄판결 이후 오뚜기는 "부도덕한 기업이 아니라는 사실이 증명되어 기쁘다"라고 논평을 냈다. 삼양의 경우 전중윤 사장에게 많은 사람들이 국가를 상대로 소송할 것을 권유했지만, 전중윤 사장은 이미 끝난 사건에 얽매이기보다는 삼양의 추락한 위상과 신뢰를 하루빨리 극복하는 것에 매진하고 싶다고 밝혔고, 국가를 상대로 소송하지 않고 사건을 마무리 지었다.

당시 삼양의 경쟁 업체인 농심은 식물성 기름(팜유)을 사용해 라면을 만들고 있었다. 당시 식물성 기름을 사용한 라면이라고 홍보하던 농심은 우지파동 후 삼양과의 격차를 더욱 벌렸고, 한국 라면 업계에서 압도적 1위가 되었다. 혹자는 이러한 사실 때문에 우지파동이 농심이 삼양을 뛰어넘기 위해 기획한 것은 아닌지 의심하기도 한다.

그러나 우지파동이 일어나기 전부터 농심 라면들은 엄청난 인기를 얻고 있었다. 1985년도에 처음으로 라면 업계 1위에 등극했고, 우지파동이 발생한 89년에는 농심이 삼양을 제친 상태였다. 또한 우지파동으로 라면 업계 전반에 대한 소비자들의 신뢰가 무너져 팜유로 라면을 만들던 농심도 매출이 30% 이상 급감

삼양식품 원주공장 내 연구소

해, 큰 손해를 입었기에 농심이 삼양을 꺾기 위해 우지파동을 기획했다는 것은 정황상 설득력이 떨어지며, 농심에서 우지파동을 기획했다는 명확한 증거 또한 밝혀진 것이 없다.

그런데도 음모론이 계속 나오는 것은 우지파동 당시 검찰총장이 김기춘[5]이었는데, 후에 농심에서 법률고문을 역임한 사실이 논란되었기 때문이다. 오비이락(烏飛梨落)[6]과 같은 상황 때문에 음모론이 발생한 것이다.

전국을 뒤흔들었던 우지파동. 라면을 사랑하는 소비자로서 앞으로 식품 업계 전반의 신뢰가 떨어지는 제2의 우지파동이 등장하지 않기를 진심으로 기원한다.

---

5 김기춘은 제22대 대검찰청 검찰총장(1988.12~1990.12)을 지냈다. 후에 농심의 법률고문을 역임했다.

6 까마귀 날자 배 떨어진다는 뜻, 상관없는 일이 같이 일어나 억울하게 의심을 받게 된 상황을 이름

새로운 미래를 준비하는 삼양식품, 그리고 불닭볶음면의 개발

우지파동이 무죄로 종결되었고, 시간이 지났지만, 삼양라면의 인기는 이전 같지 않았다. 삼양식품의 대표라면 삼양라면은 농심 신라면에 밀렸을 뿐 아니라, 오뚜기 진라면에도 밀렸다. 삼양식품은 국내 시장에서 고전을 면치 못하고 있었기에, 상황을 반전시킬 히트작이 필요했다. 당시 삼양식품은 전인장, 김정수 경영체제에서 다양한 라면 개발을 고민하고 있을 때였다.

김정수 사장은 라면에 대한 아이디어를 얻기 위해 전국을 돌아다녔다. 김정수 사장은 우연히 명동에 있는 매운 철판볶음 집에서 불닭 볶음을 맛보게 되었다. 처음 맛본 불닭 볶음의 맛은 아찔할 정도로 매웠다. 그러나 그 강렬한 매운맛을 즐기기 위해 줄을 선 인파를 보며 김정수 사장은 아찔한 매운맛을 라면으로 구현한다면 대박 날 수 있겠다고 생각했다. 그리고 연구원들에게 '맛있게 매운 볶음면'을 만들어 보자고 제안했다.

먼저 삼양식품 팀은 매운맛을 수치화하기 위해 고추에 함유된 캡사이신 농도를 수치화한 '스코빌지수(SHU, Scovile Heat Uuit)'을 도입하기로 한다. 불닭볶음면을 만들기 위해 닭 1200마리와 2톤의 양념을 쏟아부었고, 스코빌지수 4404[7]의 최적의 매운맛을 가진 불닭볶음면을 발명했다.

---

7 농심 신라면의 스코빌지수는 3400이었다.

삼양식품의 운명을 바꾼 불닭볶음면(삼양식품 제공)

맛있게 매운맛을 만들기 위해 공정을 세분화했고, 삼양에서 특별 개발한 '삼양간장본'을 활용해 깊은 맛을 살렸다. 오랜 연구와 시행착오 끝에, 2012년 4월 불닭볶음면이 출시되었다.

불닭볶음면의 대히트, 글로벌 수출기업으로서의 전환

불닭볶음면이 출시된 후 시장의 초기 반응은 썩 좋지 않았다. 기존 출시된 라면들과 비교되지 않을 정도로 강렬한 매운맛을 보여주었던 불닭볶음면은 소비자들 사이에서 호불호가 확 갈렸다. 매운 걸 좋아하지 않는 소비자들은 반감을 드러내기도 했다. 이때까지는 삼양 내에서도 마니아 층을 만들 수 있다고 확신은 했지만, 대히트를 기대하지는 않았다. 하지만 직전에 출시했던 '간짬뽕' 라면이 출시 초기에 인기가 덜했지만, 시간이 지나면서 엄청난 인기를 얻었던 것을 생각하며 불닭볶음면의 진가가

강렬한 매운맛으로 인기를 끈 불닭볶음면

알려지기를 기다렸다. 그런데 상황이 반전되었다. SNS의 영향력이 점점 커지고 있던 시기, '영국남자' 유튜브에서 외국인들이 불닭볶음면을 눈물을 흘리며 먹는 모습을 담은 영상을 제작했는데, 영상이 전 세계적으로 화제가 되어 조회수가 폭발한 것이다. SNS에는 눈물 나게 매운 불닭볶음면을 맛보고 즐기는 '파이어 누들 챌린지(Fire Noodle Challange)'가 유행하기 시작했다. 매운 걸 잘 못 먹는 사람들도 매운 불닭볶음면에 도전하며 눈물을 흘리고 캑캑거리며 맛보는 체험이 유행했다. 그리고 이러한 인기는 일시적으로 끝나지 않았다. 불닭볶음면은 맵기만 한 라면이 아니라, 맛있게 매운 볶음면이었기 때문에, 매운 걸 잘 먹는 소비자들은 불닭볶음면을 맛본 후 열혈 마니아가 되었다. 삼양은 이런 기회를 놓치지 않았고, 불닭볶음면의 강점을 살린 다양한 자매품을 출시했다. 치즈 불닭볶음면, 까르보 불닭볶음면, 핵불닭볶음면, 불닭볶음탕면 등 수십여 종의 불닭볶음면 시리즈를 차례로 출시하면서 매운맛을 즐기는 소비자들의 니즈를 만족시켰고, 그중 매운맛에 크림 맛을 더해 매콤 크림파스타 느낌을 보여준 까르보 불닭볶음면은 오리지널 불닭볶음면 이상으로 큰 인기를 얻었다.

삼양 불닭볶음면의 수많은 자매품 라면(삼양식품 제공)

이뿐만이 아니었다. 불닭 소스를 제품화하였고, 라면 외의 다양한 식품과 협업했다. 불닭 떡볶이, 불닭 치킨, 불닭 맥주, 심지어 불닭 치약까지 생각지도 못한 수많은 협업 상품을 출시하면서 불닭볶음면의 인기를 이어 나갔다. 혹자는 이런 상황을 보고 불닭 유니버스(Buldak Universe)라고 칭할 정도였다. 불닭볶음면은 단순히 음식을 넘어 문화가 되었다.

필자 또한 불닭매니아인데, 가장 맛있게 즐겨 먹는 라면을 소개할 때 불닭볶음면이 꼽을 정도로 불닭을 좋아하고, 많은 사람에게 추천하고 있다.

불닭 소스의 매운맛을 결합해 큰 인기를 끈 멕시카나 불닭 치킨

불닭 브랜드를 활용해 삼양식품에서 출시한 다양한 제품들
과자, 납작당면, 맥주, 치약 등

이러한 불닭의 대히트 덕분에 우지파동 이후 어려움을 겪고 있

던 삼양의 상황은 급반전되었다. 불닭볶음면 출시 이전에는 삼양식품 전체 매출의 70% 이상이 삼양라면에서 나왔으나, 현재 삼양식품 전체 매출의 70% 이상이 불닭볶음면 브랜드에서 나오고 있다. 또한 불닭볶음면의 글로벌 인기 덕분에 불닭볶음면의 수출이 활발해졌고, 2019년부터 삼양식품은 해외 매출이 내수 매출 비중보다 큰 수출기업으로 변신했다. 덕분에 삼양식품은 밀양에 제3공장을 건설할 수 있었고, 불닭볶음면의 성공을 기반으로 불닭볶음면의 명성을 잇는 신제품 개발과 해외 시장 개척을 위해 노력하고 있다.

불닭볶음면 모방 제품의 범람

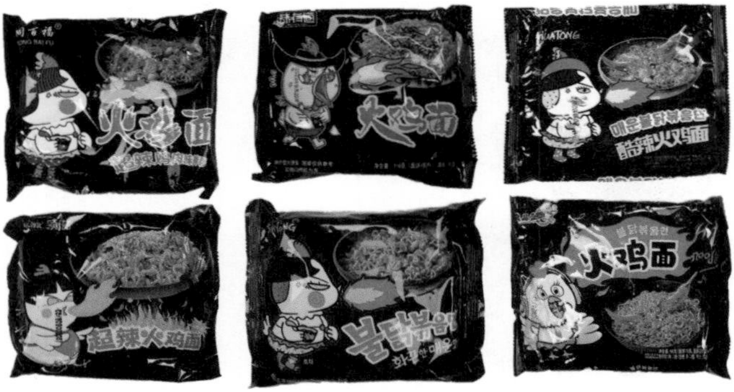

위의 6개 제품 중에 하나만 원조 불닭볶음면이다.
어떤 제품이 진짜인지 찾아보자.

불닭볶음면이 워낙 인기가 좋다 보니 불닭볶음면을 카피한 제품들이 쏟아지기 시작했다. 특히 중국에서는 대놓고 불닭볶음면을 베낀 제품들이 횡행했다. 봉지 디자인부터 색감까지 비슷하게 출시한 것은 패키지에 한글로 '불닭볶음면'이라고 대놓고 판매하는 제품들도 있다. 이런 제품들은 삼양 불닭볶음면을 찾는 소비자들을 혼동하게 만들고 있다.

그런데 불닭볶음면 모조품 제품들의 맛과 품질은 더욱 심각하다. 직접 제품을 먹어보면, 과연 식품이라고 할 수 있을지 회의감이 들 정도로 맛없는 제품들이 즐비했다. 이런 저품질 불닭 모방 제품의 범람은 삼양 불닭볶음면의 명성에도 안 좋은 영향을 미칠 수 있기에, 삼양식품은 모조품 불닭볶음면의 범람을 막기 위해 중국 법원에 소송을 제기했다. 중국 법원은 중국의 일부 라면 제조 업체가 불닭볶음면을 카피했다고 인정했고, 삼양식품에 배상금을 지급함과 동시에, 불닭볶음면과 비슷한 패키지 디자인을 변경하라고 판결 내리기도 했다.

하지만 여전히 중국 현지에서는 불닭볶음면을 카피한 제품들을 쉽게 찾아볼 수 있다. 중국 최대 인터넷 쇼핑몰 타오바오(淘寶)에서 "火鷄面(불닭볶음면)"을 검색하면, 이전보다는 확연히 줄어들었지만, 여전히 패키지에 한글이 표기된 불닭볶음면 짝퉁 라면들을 쉽게 발견할 수 있고, 구입할 수 있다.

이뿐만이 아니다. 이제는 라면의 종주국 일본에서도 불닭볶음면의 모조품 제품을 만들기 시작했다. 일본 1위 기업 닛신식품에서 한국 삼양 까르보 불닭볶음면을 카피한 듯한 UFO 컵라면을

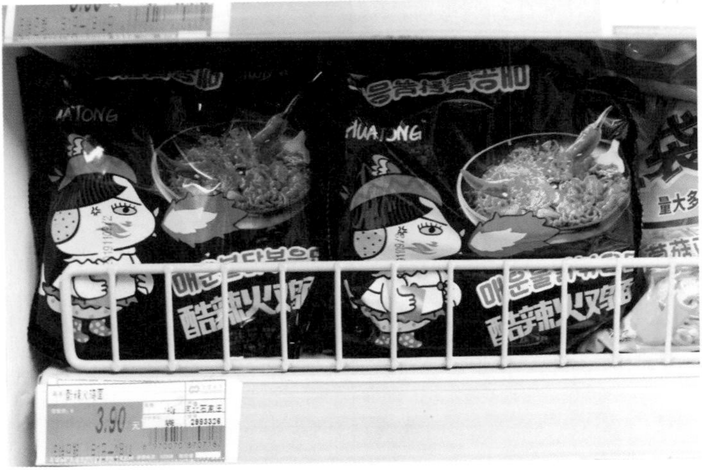

모조품 라면이 중국 현지 마트에서 팔리고 있는 모습

중국 현지에서 팔리고 있는 불닭 모조품 라면
두리안맛, 크랜베리맛 등 다양한 맛이 팔린다.

출시해서 화제가 되었다.

물론 일본 제품들은 중국 제품처럼 노골적으로 카피하지는 않지만, 콧대 높은 일본 라면 기업이 한국의 라면을 모방한 느낌이 드는 제품을 출시해 판매한다니 정말 놀라웠다. 불닭볶음면과 비슷한 라면이 계속 출시되는 것은 불닭볶음면이 엄청난 인기를 얻고 있다는 증거라는 생각이 든다.

(좌) 삼양 까르보 불닭볶음면 (우) 닛신 UFO 한국풍 볶음면

한국 라면 산업의 토대를 만든 전중윤 회장의 영면

한국 최초의 라면 삼양라면을 도입해 삼양식품을 일구었던 전중윤 회장은 2010년 경영 일선에서 물러났고, 이후 독서와 집필에 몰두한다. 그러면서도 종종 라면을 즐기며 건강을 유지하고 있었다. 노령의 나이에 건강을 유지하던 전중윤 회장에게 시련

삼양식품의 창업주
故 전중윤 회장(삼양식품 제공)

이 닥쳤다. 구제역 파동으로 대관령 삼양목장의 젖소 수백 마리가 살처분된 것이다. 대관령 삼양목장은 전중윤 회장이 한국 사람들의 영양사정을 개선하기 위해 엄청난 자금을 투자해 조성한, 인생이 담기고 애정이 어린 장소였다. 그런 삼양목장의 젖소 수백 마리가 살처분되는 상황을 지켜보는 것은 고령의 전중윤 회장에게 큰 충격이었다. 삼양목장 젖소들이 살처분된 후 그의 건강은 급속도로 안 좋아졌고, 2014년 7월 10일, 94세의 나이로 영면하게 되었다. 라면왕 전중윤의 안타까운 마지막이었다.

한국 시장에는 현재 600여 종 이상의 라면이 판매되고 있고, 매달 새로운 라면이 출시되고 있다. 그리고 한국의 라면은 K푸드 열풍의 선봉장 역할을 하며 전 세계 사람들이 즐겨 먹는 글로벌 음식으로 거듭나고 있다. 일본에 안도 모모후쿠가 있었다면, 한국에는 전중윤이 있다. 전중윤의 노력이 없었다면 지금의 한국 라면은 없었을 것이다.

60년대 초 삼양식품은 일본으로부터 기술을 도입해 라면을 만들었지만, 지금은 정반대로, 일본을 포함한 전 세계 라면 회사들이 삼양의 라면을 카피한 라면을 출시하고 있다. 전중윤 회장이 생전에 이런 모습을 보았다면 어떤 생각이 들었을까? 한국 라면 산업과 문화를 만들고 이끌어 주신 故 전중윤 회장님께 진심으로 감사하다는 말씀을 올리고 싶다.

지금은 단종되어 볼 수 없는 추억의 삼양식품 라면 이야기

삼양라면 골드(1982년 출시)

오징어, 홍합, 새우, 조개, 미역 등의 해산물 후레이크를 사용해 영양가와 맛을 높인 삼양의 대표 해물라면이었다. 이후 단종되었지만, 삼양라면 골드의 맛을 그리워하는 사람들이 많았고, 삼양은 이런 기대에 부응해 2020년 7월 삼양라면 골드를 재출시했다. 하지만 예전의 맛과 달랐다는 평이 많았고, 다시 단종되었다.

(좌) 초창기 삼양라면 골드 (우) 재출시되었던 삼양라면 골드

왕서방면 & 중화우동면(1983년 출시)

왕서방면으로 출시되었다가, 왕서방면으로 이름이 바뀐 제품으로 독특한 사연이 담긴 라면이다. 삼양식품에서 출시한 우동 컨셉의 '왕서방면'은 출시 후 대대적인 광고와 함께 흥행했는데, 왕서방면의 흥행 때문에 왕 씨 이름을 가진 어린이들이 또래 아

이들로부터 놀림을 받았다고 한다. 왕 씨 문중은 이러한 사태를 심각하게 받아들였고, 삼양식품에 제품명 변경을 요구했다.

삼양식품 전중윤 회장은 사정을 듣고 “어린이들에게 상처를 주면서까지 사업을 하고 싶지 않다.”라고 말하며, 7억 원 이상의 막대한 손실을 감수하고 제품명을 왕서방면에서 중화우동면으로 바꿨다. 그래서 왕서방면과 중화우동면의 라면 패키지와, TV 광고가 아주 비슷하다. 당시 삼양의 신속한 결정을 왕 씨 종친들이 매우 고마워했다는 미담이 전해져 내려온다.

왕서방면과 중화우동면(인천상회 박물관)

이백냥(1987년 출시)

1986년 10월 출시된 농심의 히트작 신라면에 대항해 출시된 삼양의 얼큰한 라면이었다. 200원의 판매 가격을 제품 이름으로 내세워서 화제가 되었다. 그러나 시간이 지난 후 가격과 제품명의 불일치가 논란이 되었고, 결국 단종되었다. 하지만 이백냥 라면을 그리워하는 사람들이 많았고, 삼양식품에서 2020년 4월 한정판으로 재출시했으나, 정식 출시되지는 못했다. 아쉽게 단종된 비운의 라면으로 알려져 있다.

(좌) 초창기 이백냥 (우) 재출시되었던 이백냥

60년 넘는 역사를 가진 삼양식품은 한국인의 추억 속에 자리 잡은 라면들이 많다. (인천상회 박물관)

02

품질경영으로 한국 라면 시장을 제패한 신춘호 회장과 농심

국내 라면 시장 점유율 1위, 세계 라면 시장 점유율 5위로 국내외 소비자들의 엄청난 사랑을 받는 농심(農心)은 국내 라면 시장에서 삼양보다 라면 업계에 2년 늦게 뛰어든 후발 주자였다. 농심이 어떻게 라면 사업에 진출했고, 안성탕면, 너구리, 짜파게티, 신라면 등의 라면을 출시하며 삼양식품을 넘어 한국 라면 시장에서 1위에 오른 후 글로벌 기업으로 거듭났는지 농심의 역사와 이야기를 살펴보겠다.

라면왕 신춘호, 라면 사업을 결심하다

농심은 농심 기업의 뿌리를 찾아 올라가 보면, 1965년 9월에 설립한 '롯데공업 주식회사'로부터 시작되었다. 롯데공업을 세운 사람은 故 신춘호(辛春浩) 회장이다. 농심의 역사를 살펴보기 위해, 농심 라면을 만든 라면왕 신춘호 회장의 이야기를 살펴보자.

농심은 롯데공업으로부터 시작되었다.

신춘호 회장은 1930년 울산광역시 울주군 삼동면에서 태어났다. 어릴 때부터 장사에 관심이 있었고, 학업과 병행하며 국제시장과 자갈치시장에서 장사했다고 전해진다. 이 과정에서 쌀을 저렴할 때 구입해, 비쌀 때 판매하려고 했다가 쌀이 변질되어 손해를 입었는데, 이때 장사를 하면서 제품의 품질이 사업에서 정말 중요하다는 교훈을 얻는다.

라면왕 농심 신춘호 회장 모습
(안성맞춤박물관)

신춘호는 후에 롯데그룹 회장이 된 신격호의 동생이었다. 신춘호는 대학을 졸업한 후 형 신격호를 도와 롯데 기업이 고속 성장하는데 크게 기여했다, 30대 중반까지 형을 도왔는데, 당시 신춘호는 일본 전역에 인기를 끌고 있던 인스턴트 라면에 관심을 가졌고, 한국 사람들의 입맛에도 라면이 잘 맞을 것이라고 생각했다. 그리고 한국에서 라면 사업을 해야겠다는 결심을 했고, 형 신격호에게 자신의 포부를 밝힌다.

신격호는 동생의 말을 듣고, 삼양라면이 장악한 한국에서 라면 사업을 하는 것은 무리라며 라면 사업 도전을 강하게 반대했다. 하지만 신춘호는 자신의 주장을 굽히지 않았다. 형과의 사업 관계를 정리하고, 한국에서 독자적으로 라면 사업에 도전하기로 결심한다. 혼분식 장려 정책으로 라면에 한국 사람들의 관심이 모이던 1965년, 서울 대방동에 롯데공업을 세우고 삼양라면이 장악한 라면 시장에 도전장을 낸다.

초창기 롯데공업 대방 공장의 모습(농심 제공)

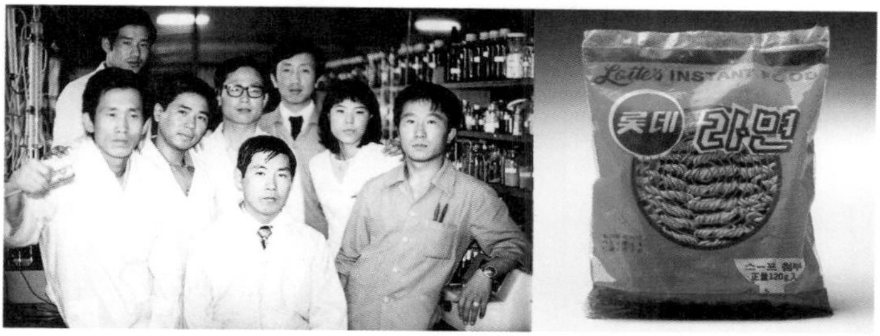

(좌) 롯데공업 초창기 연구원들의 모습 (우) 롯데라면(농심 제공)

신춘호의 롯데라면, 삼양라면에 도전하다

신춘호 회장은 자신의 사업 경험을 바탕으로 제품의 품질을 제일 중요시했다. 그리고 제품의 품질을 꾸준히 높이려면 처음부터 독자적인 기술로 라면을 만들어야 한다고 생각했다. '우리 제품은 우리 손으로 개발하자'는 마음으로 창업과 동시에 연구소를 만들어 라면 개발에 투자했다. 당시 일본 라면 회사와의 기술 제휴 없이 라면을 개발한다는 것은 상상하기 어려운 힘든 일이었다. 그럼에도 신춘호와 롯데공업의 임직원들은 포기하지 않았고, 수많은 실패와 시행착오 끝에 1965년 12월 19일 자체 기술로 만든 '롯데라면'을 선보인다.

하지만 초창기 삼양과 마찬가지로, 열심히 만든 맛있는 라면을 소비자들에게 알리는 것은 매우 어려운 일이었다. 선발주자인 삼양의 점유율이 무려 80% 넘었던 라면 시장에서 후발 주자였던 롯데라면은 잘 팔리지 않았다. 라면이 잘 팔리지 않으니 롯데공업의 부채는 증가했고, 회사는 어려움에 봉착했다. 하지만 직원들은 포기하지 않았다. 초창기 삼양공업 직원들과 마찬가지로 롯데공업의 직원들은 자신이 만든 라면을 알리기 위해 라면 상자를 들고 구멍가게를 찾아다니며 판로를 개척했다. 문전박대를 당하는 상황 속에서도, 모든 직원이 하나 된 마음으로 포기하지 않고 롯데라면을 알렸다. 이런 직원들의 노력과 후속 라면의 성공으로 롯데공업의 사정은 점점 나아지기 시작했다. 60년대 중순 우후죽순으로 난립했던 라면 회사들이 모두 라면 사업에서 철수해야 했지만, 품질을 중시했던 롯데공업은 살아남아 삼양과 경쟁할 수 있었다.

롯데공업 소고기라면과 농심 소고기라면(농심 제공, 인천상회 박물관)

롯데공업을 어려움에서 구해낸 롯데짜장면과 소고기라면

다른 회사들이 라면 사업에서 철수할 때 롯데공업은 살아남았지만, 여전히 경영난으로 어려움을 겪고 있었다. 롯데공업은 신제품 개발만이 살길이라고 생각했다. 이러한 위기 극복의 1등 공신은 1970년 2월 출시된 '짜장면'과 1970년 10월 출시된 '소고기라면'이었다.

생일이나, 졸업식 때 인기 외식 메뉴였던 짜장면을 인스턴트 라면으로 개발한 '롯데짜장면'은 출시되자마자 엄청난 인기를 끌었다. 롯데짜장면의 성공 덕분에 롯데공업의 사정은 나아졌고, 회사의 분위기도 좋아졌다. 하지만, 롯데짜장면의 인기는 지속되지 못했다. 경쟁업체에서 짜장라면을 일제히 출시했기 때문이다.

롯데공업은 후속작 개발 과정에서 소고기를 주목했다. 한국 사람들이 닭고기보다 소고기를 좋아한다는 것에 착안해 소고기로 만든 라면 개발을 추진했다.[8] 신춘호 회장은 연구원들과 함께 서울의 소고깃국 맛집들을 다니며 소고기의 깊은 맛을 담은 라면 개발에 심혈을 기울였다. 그리고 만들어진 라면의 이름 후보로 '소고기라면'과 '쇠고기라면' 두 가지가 압축되었다. 대다수 직원은 쇠고기가 표준말이므로, '쇠고기라면'으로 이름 지어야 한다고 주장했지만,[9] 신춘호는 '쇠'라는 접두어가 라면에 적절하지 않은 이미지를 연상시킬 수 있고, '쇠고기라면'은 이전에 출시했던 '짜장면'처럼 다른 회사들의 제품과 차별화가 덜 된다고 생각해 '소고기라면' 이름을 고집했다. 그리고 신춘호의 결정이 받아들

---

8 초창기 라면들은 닭고기 맛을 베이스로 한 라면들이 많았다. 삼양라면도 초창기에는 닭고기 맛 베이스 라면이었다.

9 당시에는 '쇠고기'만 표준어였고, 소고기는 표준어가 아니었다. 하지만 1988년 맞춤법을 개정하면서 쇠고기, 소고기를 둘 다 표준어로 인정했다.

여져 롯데공업은 1971년 10월, '소고기라면'을 출시했는데, 깊은 소고기 맛이 소비자의 입맛을 사로잡았고, 롯데공업 소고기라면은 대히트를 쳤다. 소고기라면의 흥행으로 롯데공업은 매출이 1년 만에 80%가 넘게 올랐고, 라면 시장 점유율은 22.7%로 뛰어올랐다. 경쟁 회사에서 쇠고기라면을 출시했으나, 롯데짜장면 때와 달리 소고기라면의 인기는 꾸준했다.

이후 롯데공업은 새우깡을 출시해 스낵 사업에서도 대히트를 친다. 소고기라면과 새우깡의 성공으로 롯데공업의 회사 사정은 좋아졌고, 롯데공업은 라면 업계 1위 삼양을 맹추격하기 시작한다.

농심은 라면과 스낵사업 양쪽에서 큰 성공을 거두기 시작했다.
(인천상회 박물관)

농심라면의 성공과 함께 농심으로 사명을 변경하다

롯데공업이 승승장구하는 상황을 불편해했던 사람이 있었는데, 바로 롯데 신격호 회장이었다. 형 신격호는 동생 신춘호의 라면 사업 진출을 반대했는데, 동생이 자신의 반대에도 불구하고 롯데 이름을 걸고 라면 사업에 도전해 승승장구하는 것이 불편했다. 신격호는 동생에게 '롯데'라는 사명을 사용하지 말 것을 요구했다. 이런 형의 요구 속에서 동생 신춘호는 롯데공업의 사명 변경을 검토했고, 농부의 따뜻한 마음을 담은 라면을 만들겠다는 의지를 담아 '농심'이라는 브랜드를 만든다. 그리고 1975년 농심 브랜드를 내세운 '농심라면'을 출시한다.

농심라면은 형과 아우가 밤에 상대의 논에 자신이 추수한 볏단을 몰래 가져다 놓는다는 형제애를 다룬 훈훈한 전래동화 '의좋은 형제'에서 모티브를 따서 만들어졌는데, 당시 국민학교 교과서에 의좋은 형제 이야기가 수록되어 있어, 농심라면은 소비자들에게 친숙하게 다가갈 수 있었다. 롯데공업은 산업화가 계속되던 70년대 말, 고향을 떠나 도시로 온 청년들이 고향을 그리워하는 마음을 농심라면에 담았다.

또한 롯데공업은 구봉서, 곽규석 님이 등장하는 TV 광고에서 "형님 먼저 드시오, 농심라면 / 아우 먼저 들게나, 농심라면"이라는 훈훈한 CM송으로 소비자들에게 어필했다. 이렇게 출시된 농심라면은 소고기와 닭고기의 진한 육류 맛이 어울린 담백한 맛으로 소비자들에게 큰 인기를 얻었다.

소고기라면과 농심라면의 성공으로 1970년대 중반에 롯데공업은 라면 시장 점유율을 35%까지 끌어올렸고, 라면 업계 1위 삼양을 바싹 추격한다. 그리고 1978년 롯데공업은 드디어 사명을 농심(農心)으로 바꾸고 라면 시장 1위 자리를 향해 나아간다.

까닭을 알 수 없었읍니다.

다시 밤이 되자, 형님과 동생은 몰래 논으로 가서, 볏단을 또 나르기 시작하였읍니다.

깜깜한 어둠 속에 저 쪽에서 누가 오고 있읍니다.

70

(좌) 국민학교 교과서에 등장한 의좋은 형제
(우) 롯데공업 농심라면 광고국민학교 교과서에 등장했던
의좋은 형제 설화를 모티브로 만들어진 농심라면

롯데공업의 대표 라면이었던 농심라면(농심 제공)

농심의 전성기를 이끌었던 라면들
사발면(1981), 너구리(1982), 안성탕면(1983), 짜파게티(1984)
(농심 제공)

신춘호 회장은 라면 시장 진출 당시부터 품질경영을 최우선시했다. 초창기 연구소를 설립하고 라면의 품질을 꾸준히 높여왔는데, 80년대 초 다시 한번 품질을 높이기 위한 대대적인 투자를 감행한다. 라면의 맛은 스프 맛에서 나온다고 생각해, 안성에 스프전문공장을 짓고 대대적인 투자를 감행한다. 신춘호는 고품질 라면을 개발하기 위해 적극적으로 투자해야 한다고 생각했다.

품질경영을 우선했던 신춘호의 판단은 적중했다. 80년대 초 농심에서 출시한 라면들을 살펴보면 놀랍다. 사발면(1981), 너구리(1982), 안성탕면(1983), 짜파게티(1984), 신라면(1986) 등 지금까지 농심의 대표 라면으로 사랑받는 제품들이 모두 80년대 초에 출시되었기 때문이다.

농심 R&D 센터 모습(농심 제공)

사발면(1981년 출시), 육개장 사발면(1982년 출시), 김치사발면(1986년 출시)

농심 사발면 광고

우리나라 최초의 사발 형태 용기면이다. 기존 용기면 제품들은 컵 형태였는데, 농심이 국 사발 형태의 용기면을 출시해 화제가 되었다. 1982년 11월, '육개장 사발면'이 후속작으로 출시되었고, 1986년 4월 '김치 사발면'이 출시되었다. 1986년 아시안게임과, 1988년 서울올림픽을 거치며 널리 알려졌는데, 서울올림픽 당시 미국 NBC 관계자가 육개장 사발면을 미국 햄버거에 견줄 한국의 식품이라고 소개하기도 했다.

2011년, 컵라면 시장 1위에 오른 이래로 계속 1위 자리를 지키고 있으며, 컵라면 단일제품 중 유일하게 연 매출 1천억 원 이상을 기록하고 있다.

너구리(1982년 출시)

우동 컨셉의 고급 라면이다. 일본 사누끼 지방에서 즐겨 먹는 쫄깃한 면발의 우동을 제품화한 것인데, 이름을 짓는 과정에

서 사누끼(さぬき) 지역을 이야기하다가 타누끼(たぬき, 너구리)라는 단어가 나왔고, 오동통한 면발이 너구리가 닮아 너구리로 지어졌다는 설이 전해진다. 1982년 순한 맛이 먼저 출시되었고, 1983년 얼큰한 맛이 출시되었다.

너구리 라면의 마스코트는 큼직한 다시마인데, 완도산 다시마를 넣어 해물 본연의 맛을 살렸다. 농심에서는 너구리 라면을 위해 한 해에 400톤 가까운 다시마를 구입한다고 전해진다.

또한 너구리 라면은 친숙한 광고로 유명한데, “너구리 한 마리 몰고 가세요~♬” 가사와 귀여운 너구리 캐릭터는 현재까지도 많은 사람들에게 사랑받고 있다.

너구리 라면과 포스터(인천상회 박물관)

안성탕면(1983년 출시)

옛날 시골 장마당에서 맛볼 수 있는 우거지 장국 컨셉으로 만들어진 라면으로 우리나라 고유의 ‘탕’ 문화를 라면에 접목해 소비자들의 입맛을 사로잡았다. 안성 스프 전문 공장에 대한 대대적인 투자 후 진공 건조 첨단 스프 제조 방식으로 만들어졌다.

안성탕면의 안성은 경기도 안성의 지명에서 따왔고, “내 입에 안성맞춤”이라는 문구로 광고했다. 출시 후 엄청난 인기를 얻었고, 출시 40년이 지난 지금까지도 안성탕면을 즐겨 먹는 사람들이 많다.

안성탕면 라면과 포스터(인천상회 박물관)

짜파게티(1984년 출시)

1970년 출시되었던 롯데짜장면의 계보를 잇는 농심의 대표 짜장라면이다. 짜파게티 출시 전 짜장라면은 스프가 면에 잘 섞이지 않았고, 뭉친 스프를 풀기 위해 물을 많이 넣으면 싱거워지는 문제가 있었다. 농심은 이런 문제를 해결한 짜장라면의 신제품 개발에 몰두했는데, 연구를 거듭해 모래처럼 고운 짜장 과립 스프를 넣어 문제를 해결한다. 그리고 1984년 신제품 짜장라면 짜파게티를 출시한다.

짜파게티라는 이름은 짜장면과 스파게티의 합성어인데, 독특한 이름으로 관심받았으며, 짜파게티 광고는 귀에 착 감기는

CM송(일요일은 내가 짜파게티 요리사~♬ 짜라짜라짜~~파게티~♬)로 사람들의 마음을 사로잡았다.

짜파게티는 출시 후 큰 인기를 얻었고, 1990년대 이후 독보적인 인기로 국민 짜장라면의 위치에 올랐다. 출시된 지 40년이 지난 지금도, 신라면 다음으로 가장 많이 판매되고 있으며, 농심의 대표 라면이자, 국민 짜장라면으로 전국적인 사랑을 받고 있다.

짜파게티 라면과 포스터(인천상회 박물관)

이렇게 농심의 신제품 라면들이 족족 히트를 치는 상황 속에서 경쟁사였던 삼양식품은 이렇다 할 히트작을 내지 못하고 있었다. 그리고 1979년 삼양 64%, 농심 35%였던 라면 시장 점유율은 1985년을 기점으로 농심이 역전하게 된다.

그리고 농심을 확고한 국내 1등 기업으로 만들고, 전 세계 사람들이 좋아하는 글로벌 라면 기업으로 도약하게 한 1등 공신은 바로 '신라면'이었는데, 신라면이 어떻게 만들어졌는지 살펴보자.

한국 라면 업계의 판도를 바꾼 신라면의 매운맛

농심 연구팀에서는 한국인들이 매운맛을 선호한다는 조사 결과를 바탕으로, 소고기 맛과 매운맛을 기본으로 한 라면 개발에 힘쓴다. 그리고 맛있게 매운맛 구현을 위해 전국에서 재배되는 모든 품종의 고추를 사들여 매운맛을 실험했다. 그러나 고춧가루에서 나오는 매운맛으로는 무엇인가 부족했는데, 맛있는 매운맛을 구현하는 것은 개발팀의 큰 고민이었다. 그러던 중 더 감칠맛 좋은 매운맛을 구현하기 위해 일명 '다대기'라고 불리는 다진 양념을 사용해 보기로 한다. 다진 양념은 고춧가루와 마늘, 생강 등의 재료를 배합해 만들어지는데, 농심의 개발팀은 전국의 유명한 음식점들을 돌아다니며 맛있는 다진 양념을 만들기 위해 온갖 노력을 했다. 연구원들은 매일 20번 이상 매운 국물을 맛보며, 최적의 매운맛을 찾기 위해 노력했고, 최적의 배합비를 찾아 깊은 감칠맛과 매운맛이 조화를 이룬 얼큰한 라면의 맛을 만들어 냈다.

"매운 라면이니까 辛라면으로 합시다."

맛있게 매운 라면을 만들고, 이름을 지어야 할 차례였다. 이름을 짓기 위해 경영진들과 회의하는 과정에서, 신춘호는 새로운 라면의 이름을 辛라면(신라면)으로 짓자고 제안한다. 농심의 경영진들은 신춘호의 의견에 반대했다. 신라면이라는 이름을 반대한 이유는 2가지였는데, 당시 회사명이나 재료와 연관하여 이름을 짓는 것이 트렌드였다는 점과 신춘호의 성씨인 신(辛)과 신라면의 신(辛)이 발음뿐만 아니라 한자까지 같아서 소비자들의 비난 대상이 되지 않을까 우려했기 때문이었다. 그러나 신춘호 사장은 매운맛을 직관적으로 표현하기 위해 신라면이라는 이름이 좋다고 강력하게 주장했고, 경영진은 신춘호의 의견을 받아들인다. 그리고 새롭게 개발된 라면은 '매울 신(辛)'이라는 한자를 앞에 내세워 신라면이라는 이름으로 출시된다.

출시 후 라면 업계를 뒤흔든 신라면

신라면은 1986년 10월에 출시되자마자 돌풍을 일으켰다. 신라면은 매운맛을 강조하는 직관적인 이름과 함께 얼큰하면서도 감칠맛 좋은 맛있는 매운맛으로 출시 3개월 만에 30억 원에 육박하는 매출을 달성했고, 1987년에는 무려 180억 원의 매출을 올렸다. 새롭게 출시된 얼큰한 라면이 국내 라면 시장을 제패하기 시작한 것이다. 농심은 '사나이를 울리는 매운맛. 농심 신라면'이라는 친숙한 CM송과 함께한 TV 광고로 인기를 더욱 높였고, 1991년 라면 판매량 1위를 차지한 후 신라면은 명실상부한

초창기 신라면의 모습
(농심 제공)

농심 대표 라면이자, 한국의 대표 라면으로 자리 잡았다.

하루 평균 300만 개가 팔리는 신라면은, 단일 라면 품목으로 한 때 라면 시장 점유율 25%를 차지할 정도로 엄청난 인기를 보여주었다. 현재는 소비자들이 다양한 라면을 찾기 시작하면서 점유율이 이전보다 낮아졌지만, 여전히 신라면은 국내 라면 시장에서 점유율 1위를 차지하고 있는 인기 라면이다.

전 세계로 뻗어나가는 신라면, 글로벌 기업이 된 농심

농심은 히트한 신라면을 필두로 농심은 글로벌 라면 시장에 도전한다. 계속된 판로 개척, 해외 투자, 수출, 마케팅으로 전 세계 사람들에게 신라면을 알렸다. 농심은 수출만 아니라 해외에 법인과 현지 공장을 세우고 판로를 개척했다. 덕분에 가장 큰 라면 시장인 중국과 미국, 일본에 가면 대형마트나 편의점에서 쉽게 신라면을 찾을 수 있다.

이뿐만이 아니다. 농심은 전 세계 어디에서나 신라면을 맛볼 수 있도록 수많은 노력을 했다. 유럽의 미봉 스위스 융프라우를 관광하는 관람객들은 전망대에서 신라면을 맛볼 수 있는데, 융프라우 관광의 필수 코스로 인기를 얻고 있다. 또한 남아메리카 지구 최남단 칠레 푼타 아레나스에 있는 라면 전문점에서 신라면의 매운맛을 느낄 수 있다. 여기에 백두산 정상, 네팔의 히말라야 등에서도 신라면을 맛볼 수 있다는 사실은 정말 놀랍다.

100여 개 국가로 라면을 수출하고 있고, 11억 달러(2021년 기준)의 해외사업 매출을 달성하고 있는 농심은 전 세계 사람들이 주목하는 글로벌 식품기업이다.

2020년에는 아카데미상을 받은 '기생충' 영화의 글로벌 흥행으로, 영화에 등장한 농심 라면 제품들이 세계인의 관심을 받았다. 짜파구리(짜파게티&너구리)가 해외에서 인기를 얻었고, 농심은 해외 시장 공략을 위해 짜파구리 제품을 출시하기도 했다.

전 세계에 화제가 되었던 짜파구리(농심 제공)

특히 농심은 미국 시장에서 세계인의 입맛을 사로잡기 위해 노력하고 있다. 2024년 현재 농심은 미국 라면 시장에서 토요수산에 이어 2위 점유율을 기록하고 있지만, 수년 내로 미국 시장에서 1위를 하겠다는 목표로 투자하고 있다.

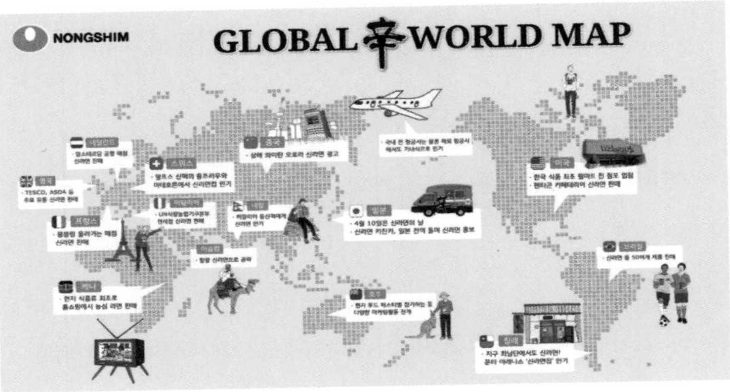

글로벌 기업이 된 농심(농심 제공)

전 세계 사람들이 사랑하는 신라면(농심 제공)

라면 회사 점유율 순위와 대표 라면(2020년 기준)
1위 캉스푸(康師傅)(중국): 홍샤오우육면 등
2위 닛신식품(日清食品)(일본): 치킨라멘, 컵누들, 라왕 등
3위 인도푸드(Indofood)(인도네시아): 미고랭 볶음면 등
4위 토요수산(東洋水産)(일본): 마루짱 라면 등
5위 농심(農心)(한국): 신라면, 너구리, 짜파게티 등

품질 경영으로 삼양식품을 넘어 한국 1위 기업, 글로벌 5위의 라면 기업으로 도약한 농심이 앞으로 어떤 제품으로 세계인의 사랑을 더욱 받을 수 있을지 궁금하다.

농심 라면 신화를 만든 신춘호 회장의 영면

신춘호 회장은 스스로 라면쟁이라고 불렀다. 값도 저렴하면서 맛도 영양도 충분한 라면을 만들겠다는 품질 우선 경영 철학을 가지고 농심을 이끌었다. 또한 한국에서 맛있다면 세계에서 먹힌다는 확신으로 신라면을 수출할 때 매운맛을 순화시키지 않은 것도 신춘호 회장의 탁월한 안목이었다.

신춘호 회장은 임직원에게 마지막 유언으로 "거짓 없는 최고의 품질로 세계 속의 농심을 키워라"는 메시지를 남겼다고 한다. 그리고 신춘호 회장의 꿈은 그의 장남이자 현 농심 신동원 회장이 이어 나갈 것이다. 신라면을 필두로 한 농심이 전 세계 사람들의 입맛을 사로잡아 글로벌 1위 기업으로 도약할 수 있길 바란다.

지금은 단종되어 볼 수 없는 추억의 농심 라면 이야기

왈순마(1968년 출시)

구수한 쇠고기 국물 맛을 구현한 제품으로, 월남 전쟁 시 한국 군용 라면으로 납품되기도 한 라면이다. 당시 거금 750만 원 상당의 경품과 함께 홍보되기도 했던 제품이었으나, 1969년 '왈순아지매' 만화가 정운경 씨는 '왈순마' 캐릭터가 왈순아지매의 모작이라며 법원에 저작권 침해로 인한 상표 사용금지 가처분 소송을 했고, 법원의 상표 사용금지 결정으로 역사 속으로 사라진 비운의 라면이다. 지금도 왈순마라면을 '왈순아지매 라면'이라고 기억하는 분들이 종종 있다.

롯데공업 왈순마 라면(인천상회 박물관)

브이라면(1981년 출시)

스프에 야채를 듬뿍 넣고, 식물성 기름인 팜유를 사용해 느끼한 맛을 줄인 라면이라고 한다. V 라면의 V는 야채(Vegetable)의 V라고 하지만, 80년대 초 라면 시장 점유율 1위였던 삼양에게 이겨보자는 의미로 V(Victory)라고 지어졌다는 설도 있다.

농심 브이라면(인천상회 박물관)

해피라면(1982년 출시)

진공 농축 저온 건조 방식을 도입해 진한 소고기 맛을 살린 라면이었다. 출시 후 큰 인기를 얻었으나, 신라면이 출시된 후 인기가 줄어들었고, 단종되었다. 그러나 해피라면을 그리워하는 소비자들이 많았고, 소비자들의 요구를 수용해 2019년 재출시했다. 출시 후 저렴한 가격과, 레트로 감성으로 반짝인기를 끌었으나, 다시 단종되었다.

80년대 출시되었던 해피라면과, 재출시되었던 해피라면

까만소라면(1985년 출시)

농심이 88올림픽 공식 지정업체로 선정된 후 출시된 라면이다. 88올림픽 호돌이 마크가 찍힌 패키지가 특징이며, 구수한 소고기 국물 맛과 쫄깃한 면발이 조화를 이룬 제품이었다. 우지파동 후 소가 들어간 이름으로 인해 소비자들에게 외면받아 매출이 급감했고, 결국 단종되었다. 지금도 까만소 라면이 맛있었다고 그리워하는 분들이 많다.

농심 까만소라면(인천상회 박물관)

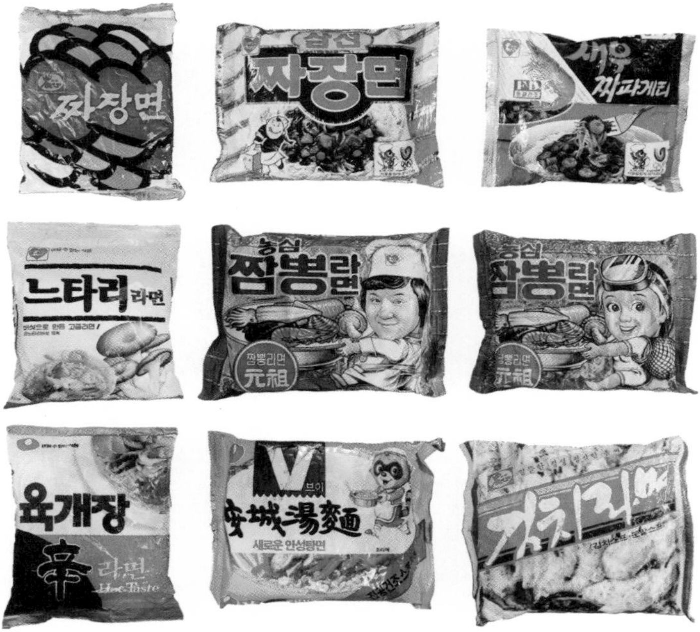

역사 속으로 사라진 추억의 농심 라면(인천상회 박물관)

3부

한국 라면 시장에 도전한 기업과 대표 라면 이야기

01

혁신으로 라면 시장을 개척한 '팔도'

팔도비빔면, 왕뚜껑, 틈새라면, 도시락, 꼬꼬면, 남자라면 등 수많은 라면을 만들어 판매하고 있는 팔도는 '한국야쿠르트'로부터 시작되었다. 한국야쿠르트는 2011년 꼬꼬면의 엄청난 흥행 속에서 음료, 식품 사업을 '팔도'라는 이름으로 분사해 출범시켰다.

어떻게 한국야쿠르트가 라면 사업을 시작했는지, 한국야쿠르트와 팔도가 어떤 기발한 아이디어로 라면을 출시해 한국 소비자들에게 사랑받았는지 소개한다.

팔도라면을 만든 '한국야쿠르트'의 시작

1960년대 후반 국내에서는 우유 생산량이 급증하여 우유가 남았는데, 당시 건국대 축산연구소 윤쾌병 소장은 남는 우유를 이용해 유산균 음료를 만들어야겠다고 생각한다. 윤쾌병 소장은 그의 친척 윤덕병에게 유산균 음료 개발을 하자고 제안했고, 그는 유산균 음료 개발을 목적으로 1969년 한국야쿠르트유업을 설립한다. 한국야쿠르트는 유산균 음료 제조 기술 도입을 위해 일본야쿠르트와 합작 투자 방식으로 세워졌다. 3년간 판매액의 3.5%를 로열티로 주는 조건으로 유산균 발효 기술을 도입했다. 그 후 한국야쿠르트는 공장을 세우고, 유산균 음료를 생산했고, 일명 '야쿠르트 아줌마'들이 활약한 방문 판매 방식을 도입하며 국내 야쿠르트 시장을 빠르게 장악했다. 한국야쿠르트 덕분에 1977년에는 야쿠르트 판매량이 하루 100만 병을 넘어설 정도로 빠르게 성장했다.

한국야쿠르트의 대표 라면이었던 팔도라면(인천상회 박물관)

한국야쿠르트의 라면 사업 진출

한국야쿠르트는 사업 다각화를 위해 다른 식품 사업 진출을 고민했다. 그리고 한국야쿠르트의 눈에 들어온 것은 한국 사람들이 즐겨 먹는 라면이었다. 1981년부터 시장조사가 이루어졌고, 한국 소비자들이 새로운 라면을 원하고 있다는 수요를 파악한다. 라면 사업 진출을 결심한 후, 1982년 경기도 이천에 토지를 매입해 라면 공장을 건설한다. 1983년 9월 공장을 완공하고 한국야쿠르트의 첫 라면 '팔도(八道)라면'을 선보인다.

초창기 팔도라면은 소고기, 참깨, 클로렐라 3가지 맛으로 출시했고, 유명 코미디언 심형래 씨를 광고모델로 발탁해 대대적으로 광고했다. 또한 한국야쿠르트는 야쿠르트 판매로 다져진 노하우를 적극적으로 활용했는데, 방문 판매와 유통 판매를 병행하는 방식으로 라면 매출을 늘렸다.

한국 대표 비빔면, 팔도비빔면의 개발

팔도의 대표 라면 '팔도비빔면'(팔도 제공)

한국야쿠르트는 라면 시장에서 성공하기 위해 기존에 존재하지 않는 새로운 컨셉의 라면을 개발해야 한다고 생각했다. 그리고 한국 사람들이 즐겨 먹는 비빔국수 컨셉의 라면 개발에 착수한다. 그리고 유명 맛집의 비빔냉면과 비빔국수 등을 맛보며 라면에 어울리는 비빔장 소스 개발에 몰두한다. 당시 한국야쿠르트는 오랫동안 발효유 산업을 이끌어 오면서 고도의 기술력을 축적했기 때문에 액상소스를 만들 수 있는 기술력이 있었다. 맛있는 소스 개발을 위해 양파와 고추 원물을 갈아 넣고, 사과 농축액을 첨가해 시원하면서도 매콤 새콤한 맛의 비빔장 소스 개발에 성공한 후, 1984년 팔도비빔면을 출시한다.

팔도비빔면 출시 당시에는 라면을 찬물에 헹군 뒤 소스에 비벼 먹는다는 개념이 알려지지 않았기에, 조리법을 보지 않고 일반 국물 라면처럼 끓여 먹거나, 면이 뜨거운 상태에서 소스를 넣고 비벼 먹는 소비자들이 많았다. 그래서 한국야쿠르트는 조리법을 소비자들에게 알리기 위해 "오른손으로 비비고, 왼손으로 비비고"라는 친숙한 CM송과 함께 광고했는데, 입에 착착 감기는 광고송은 소비자들에게 잘 전달되었고, 찬물에 헹군 후 소스를 넣고 비벼 먹는 팔도비빔면의 진미를 알게 된 소비자들이 점점 늘어나 더운 여름에 팔도비빔면은 날개 돋친 듯 팔려나갔다.

팔도비빔면은 '비빔면'이라는 새로운 장르를 개척한 라면이었고, 맛과 품질이 뛰어났기에, 팔도비빔면의 인기는 후발 출시된 타사 비빔면들을 압도했다. 연간 1억 3000만 개 이상 판매되었고, 비빔면 시장에서 점유율 80%를 넘기는 기록을 세웠으며, 출시 이후 누적 18억 개 이상이 팔린 한국의 대표 비빔면이다.

하지만 시간이 지나자 새로운 맛과 공격적인 마케팅으로 팔도

비빔면에 도전하는 제품들이 출시되었다. 농심은 국민MC 유재석 씨와 함께 배홍동비빔면을, 오뚜기에서는 외식 경영전문가 백종원 씨(후에 배우 이제훈 씨)와 함께 진비빔면을, 하림에서는 배우 이정재 씨와 함께 더미식비빔면을 출시했다. 화려한 TV 광고와 함께 준수한 맛으로 출시된 비빔면들은 팔도비빔면이 장악한 비빔면 시장에 균열을 내기 시작했다. 새로운 비빔면의 등장과 함께 비빔면 시장의 경쟁이 심해지자, 팔도비빔면의 점유율은 50%대로 내려갔다. 여전히 팔도비빔면의 비빔면 시장에서의 인기는 압도적이지만, 팔도는 비빔면 시장 1위 자리를 수성하기 위해 다양한 노력을 하고 있다. 매 계절 한정판을 출시함과 동시에 다양한 맛을 보여주는 이색 비빔면을 출시하면서 인기를 이어 나가고 있다.

후발주자였던 한국야쿠르트가 비빔면이라는 새로운 장르를 개척해 성공했고, 농심과 삼양 같은 업체들이 팔도비빔면을 따라잡기 위해 다양한 제품을 출시했다는 사실이 매우 놀랍다. 팔도비빔면의 성공은 후발주자의 성공 전략을 잘 보여준다. 식품산업에서 성공하기 위해 기존 제품들을 카피하는 것이 아니라, 새로운 맛과 방식으로 도전해야 성공할 수 있다는 좋은 사례를 보여준 것이다.

팔도비빔면의 인기를 사계절 유지하기 위해
팔도는 봄, 가을, 겨울 한정판을 출시하고 있다.

팔도비빔면은 레몬맛, 마라맛, 매운맛, 쫄면 등
다양한 맛의 자매품을 출시하고 있다.

러시아에서 국민 라면이 된 '도시락'

한국야쿠르트는 이러한 혁신과 발상의 전환을 용기면에도 이어갔다. 기존 업체들이 사용하던 용기면과 다른 용기를 개발해 차별화를 시도한 것이다. 1986년 4월 한국야쿠르트에서는 국내 최초로 별도의 뚜껑을 단, 사각 용기면 '도시락'을 출시한다.

한국야쿠르트 도시락 광고와
당시 전속모델 심형래 씨
(인천상회 박물관)

기존의 둥근 사발면과 달리 사각형 용기는 안전성이 뛰어났고, 출시 후 혁신으로 평가받으며 인기를 얻었다. 특히 사각 용기에 더욱 주목한 사람들이 있었는데, 바로 러시아 사람들이었다. 도시락이 러시아 사람들에게 인기를 얻어, 러시아로 전해져 러시아 국민 라면이 되었다. 도시락이 어떻게 러시아 국민 라면이 되었는지 살펴보자.

러시아 사람들은 도시락 라면에 마요네즈를 듬뿍 뿌려 먹는다.

처음 도시락을 접한 러시아인은 부산항에 정박해 있던 러시아 선원들이었다. 우연히 도시락을 맛보았는데, 러시아 전통 수프와 맛이 비슷해 러시아 사람들의 입맛에 잘 맞았다고 한다. 그리고 한국을 오가는 러시아의 보따리 상인들에게 도시락이 맛있다는 소문과 함께 인기를 얻는다. 특히 이러한 러시아 사람들의 좋은 평가에는 도시락의 사각 용기가 역할을 했다. 사각 용기 덕분에 흔들리는 기차와 배에서 먹기 편해 러시아 사람들의 마음을 사로잡은 것이다.

도시락에 대한 러시아 사람들의 좋은 반응을 보고, 한국야쿠르트는 1997년 블라디보스토크에 사무소를 개설하며 공식 수출을 시작한다. 한국야쿠르트가 러시아 시장에서 도시락을 러시아 사람들에게 적극적으로 알려 나가던 1998년, 러시아의 경제위기가 발생한다. 당시 경제 위기 속에서 러시아에 진출했던 외국 회사들이 앞다투어 러시아 시장에서 철수하는 상황이 발생한다. 하지만 한국야쿠르트는 철수하는 대신 러시아 시장 잔류를 결정한다. 이 결정으로 한국야쿠르트는 러시아 정부와 국민에게 신뢰를 얻었고, 한국야쿠르트는 러시아 내에서 사업을 더욱 확장할 수 있었다. 도시락 라면의 성공을 확신한 한국야쿠르트는 2005년 러시아에 현지법인 코야(Koya)[1]를 세우고, 3만 평의 부지에 공장을 준공하여 라면을 생산했으며, 2010년에는 제2공장을 세워 라면 시장 확대를 위해 노력했다.

1991년 러시아 시장에 도시락 라면이 진출한 이후, 2019년까지 누적 판매량이 54억 개를 돌파했으며, 러시아 용기면 시장의 60%를 차지할 정도로 러시아에서 도시락 라면의 인기는 엄청나다. 일부 러시아 사람들은 컵라면을 '도시락(Доширак)'이라고 부를 정도로 국민 라면의 지위에 오른 것이다.

2023년 전쟁 중인 러시아에서 한국 기업들이 속속 철수하고

1 러시아 현지 법인 코야(Koya)는 한국야쿠르트(Korea Yakult)의 약자로 이름 지어졌다.

있는 가운데, 팔도는 이전과 마찬가지로 철수하지 않고 러시아 잔류를 택하고 있다. 그리고 러시아에서 도시락의 매출은 더욱 늘어나고 있다. 이번에도 팔도는 어려운 러시아 상황 속에서 고난을 이겨내고 러시아 국민에게 더 많은 사랑을 받을 수 있을까? 러시아 국민 라면 지위에 오른 도시락이 앞으로도 러시아를 포함한 전 세계 사람들에게 더 많이 사랑받는 라면으로 거듭나기를 소망한다.

이색 컨셉으로 사랑받는 점보도시락

대형 컵라면으로 화제를 일으킨 GS리테일 유어스 점보라면

점보도시락은 기존 제품들보다 확연히 큰 사이즈가 특징이다.

2023년 5월, GS25, GS더프레시를 운영하는 GS리테일에서는 팔도 도시락의 지식재산권(IP)을 확보해 기존 도시락보다 8.5배 큰 점보도시락을 출시했다. 제품의 가로와 세로 크기가 각각 27.8cm, 33.5cm로 A4 용지 넓이보다도 큰 대형 컵라면으로, 1개 8500원에 출시되었다. 사람들은 대용량 컵라면의 등장에 환호했고, 펀슈머[2]들은 점보도시락을 수소문하여 구입하기 시작했다. 초기 물량 5만 개는 출시되자마자 동났고, 추가 물량도 게 눈 감추듯 사라졌다. 이런 품귀 현상 속에서 리셀 현상[3]이 발생하여 중고 거래 사이트에서 2배에서 최대 5배 정도의 가격에도 팔리기 시작했다. 선풍적인 인기 덕분에 점보도시락은 한정 기획 상품에서 상시 운영 상품으로 전환되었다.

하지만 점보도시락은 팔도로부터 IP만 빌려온 제품이었기에 팔도에서 제조한 라면은 아니다. 중소업체에서 생산하고 있는 제품이고, 실제 도시락 라면과 맛이 다르다. 그런데도 소비자들은 이색 컨셉인 점보도시락을 보며 한국의 소비자들은 열광했다.

점보도시락이 인기가 좋아 보이자, GS리테일에서는 후속작 공간춘 쟁반짬짜면(2023년 11월)을 12300원에, 오모리 점보도시락(2024년 2월)을 19600원에 출시했다. 후속작이 출시되자 소비자들의 궁금증은 해소되었고, 품귀 현상은 진정되었다.

---

2 fun(재미)과 consumer(소비자)를 결합한 말. 재미를 추구하는 소비자들을 가리킴.

3 리셀(resell)은 인기 있는 제품을 구입한 후 다른 사람에게 웃돈을 받고 재판매하는 것을 가리킴.

점보도시락 현상을 보며 라면에서 재밌는 경험을 추구하는 최신 트렌드를 읽을 수 있다. 앞으로 소비자들을 즐겁게 만드는 다양한 라면이 출시되기를 소망한다.

용기면 시장에 돌풍을 일으킨 왕뚜껑

왕뚜껑의 뚜껑은 라면, 김치, 삼각김밥 등
여러 음식을 올려 먹을 수 있도록 3등분으로 나누어져 있다.

한국야쿠르트는 도시락 사발면을 출시한 후 다시 혁신적인 시도를 통해 기존 용기면 시장에 도전했다. 1990년에는 기존 제품보다 지름이 훨씬 넓고 뚜껑이 있는 용기면 '왕뚜껑'을 출시했다. 왕뚜껑은 시판되던 타사 용기면과 달리 뚜껑과 넓은 지름의 용기를 택해 소비자들의 큰 관심을 얻었다. 특히 뚜껑이 있어 소비자들이 편하게 덜어 먹을 수 있었는데, 이러한 혁신적인 시도 덕분에 왕뚜껑은 출시 후 큰 인기를 얻었다. 한국야쿠르트는 왕뚜껑의 인기를 보고 김치, 짜장, 우동, 짬뽕 등 다양한 맛의 왕뚜껑과, 미니 버전, 봉지면, 매운맛 킹뚜껑, 프리미엄 버전인 갓뚜껑까지 출시하며 소비자들에게 다양한 선택지를 제공하고 있다. 2022년 기준 왕뚜껑의 누적 판매량은 22억 개를 돌파했으며, 연간 1억 개씩 팔리고 있는 팔도의 대표 컵라면이 되었다. 앞으로 왕뚜껑은 어떤 혁신으로 팔도의 새로운 역사를 써 내려갈지 궁금하다.

한국야쿠르트의 야심작 꼬꼬면의 탄생

라면 시장을 뒤흔든 팔도 꼬꼬면(팔도 제공)

혁신으로 라면 시장에서 존재감을 보여준 한국야쿠르트는 새로운 혁신으로 다시 한번 라면 시장의 판도를 뒤흔들었다. 바로 한국야쿠르트의 라면을 이야기하면 빠질 수 없는 '꼬꼬면'이다.

꼬꼬면이 어떤 과정을 통해 출시되었고, 어떻게 라면 시장을 뒤흔들었는지 자세히 살펴보자.

꼬꼬면은 KBS2 예능 프로그램 '해피선데이'의 코너 '남자의 자격'의 라면 요리 대회에서 공개된 이경규 씨의 요리 '꼬꼬면'으로부터 시작됐다. 당시 심사위원으로 라면 업계의 전문가들이 참여했는데, 이경규 씨가 만든 꼬꼬면을 맛보고 놀라움을 감추지 못했다. 모두 한목소리로 꼬꼬면을 호평했으며, 어느 회사가 먼저 꼬꼬면을 상품화할까 농담도 나왔다고 한다.

당시 심사위원으로 참여했던 한국야쿠르트 마케팅 팀장 최용민 씨는 꼬꼬면의 대박을 예감했고, 빠르게 움직이기 시작했다. 한국야쿠르트와 최용민 팀장은 연예인 이경규 씨에게 접촉해 라면 개발을 제의한다. 그리고 한국야쿠르트의 제안에 진정성을 느낀 이경규 씨는 긍정적으로 화답했고, 한국야쿠르트는 이경규 씨와 함께 본격적으로 라면 개발에 착수한다.

꼬꼬면 같은 라면 요리를 실제 대량 생산되는 라면으로 개발하기는 매우 어렵다. 하지만 한국야쿠르트는 틈새라면과 제휴를 통해 라면을 개발한 경험, 연예인 강호동 씨와 함께 '강호동의 화통라면'을 개발하는 과정에서 협업했던 모든 경험을 통해 꼬꼬면을 상품화할 수 있다는 자신감을 가지고 있었다. 그리고 그런 자신감과 함께 기존 시장의 판도를 바꾸겠다는 열정으로 꼬꼬면 개발에 과감하게 도전한 것이다. 그리고 4개월간의 개발 과정에서 이경규 씨의 조언을 받아 원작 꼬꼬면의 맛을 그대로 담아내기 위해 노력했고, 드디어 2011년 8월 꼬꼬면이 출시되었다.

한국야쿠르트는 다양한 협업 경험으로 꼬꼬면 양산에 자신감이 있었다.

엄청난 인기로 농심을 긴장하게 만든 꼬꼬면

꼬꼬면은 기존 출시되던 빨간 국물의 얼큰한 라면이 아닌, 닭고기 베이스의 칼칼한 하얀 국물 라면이다. 그런데 꼬꼬면에 대한 대중의 관심은 출시 전부터 심상치 않았다. 사전 예약판매를 실시했는데 3시간 만에 완판되었고, 매장에 출시되자마자 곳곳에서 매진 사태가 발생했다. 꼬꼬면은 출시 후 16일 동안 350만 개가 팔렸고, 하루 평균 20만 개 이상 판매되며 놀라운 흥행을 보여주었다. 하지만 폭증한 수요를 생산이 감당하지 못했다. 사람들은 꼬꼬면을 구하기 위해 마트를 방문했지만, 마트 매대에 있는 '매진' 문구를 보고 발걸음을 돌릴 수밖에 없는 상황이 지속되었다. 이런 품귀 현상이 발생하자 대중의 꼬꼬면에 대한 관심은 더욱 폭증했다.

당시 꼬꼬면의 대박으로 한국야쿠르트는 라면 시장 3위 오뚜기를 제치고 업계 3위로 등극했을 정도였다. 그리고 라면 매출 2위였던 짜파게티를 넘어, 1위 신라면의 자리를 넘볼 정도로 놀라운 인기를 얻었다. 참고로 꼬꼬면 출시 전에 농심은 신라면 한 제품으로만, 한국야쿠르트 전체 라면 매출의 2배 이상의 돈을 벌어들이고 있었다고 하는데, 꼬꼬면이 신라면의 1위 자리를 넘보는 상황이 되었으니 얼마나 라면 시장이 요동쳤는지 가늠할 수 있을 것이다. 다른 라면 회사들은 꼬꼬면과 비슷한 하얀 국물 라면을 출시하며 꼬꼬면을 견제하기 시작했다. 꼬꼬면은 출시 5개월 만에 1억 개를 판매하는 기염을 토하며 승승장구했다.

이런 상황 속에서 한국야쿠르트는 라면과 음료 사업부를 '팔도'로 분사하기로 결정했고, 꼬꼬면의 품귀 현상을 해결하기 위해 전남 나주공장을 신설하는 등 대대적인 투자를 감행했다. 이러한 공격적인 투자 덕분에 팔도 생산능력이 업그레이드되었고, 회사는 한 단계 도약하게 된다.

농심 신라면도 긴장하게 했던 팔도 꼬꼬면의 인기는 계속되지는 않았다. 하얀 국물라면에 대한 궁금증이 사라진 소비자들이 기존에 익숙했던 빨간 국물 라면으로 돌아오기 시작한 것이다. 팔도는 이런 상황 속에서 후속 라면들을 출시하여 시장에 대응한다. 그 후 남자라면, 팔도짜장면 등을 포함한 다양한 후속 라면들을 출시해 좋은 평가를 얻었다. 그리고 꼬꼬면은 예전만큼은 아니지만, 소비자들이 꾸준히 찾는 스테디셀러 라면으로 자리 잡을 수 있었다.

꼬꼬면의 후속작으로 출시된 남자라면과 팔도짜장면(팔도 제공)

빨간 국물 라면에 익숙해 있던 한국의 소비자들에게 이경규 씨와 협업해 만든 하얀 국물 라면 '꼬꼬면'으로 파란을 일으켰던 팔도. 꼬꼬면의 돌풍은 한국 식품 역사에서 길이 남는 사건이 되었다.

PB라면 시장의 강자 팔도

라면 업계 4위 팔도는 기존 업체들이 장악한 라면 시장에서 점유율을 높이기 위해 다양한 전략을 사용했다. 팔도가 관심을 가진 곳은 바로 PB(Private Brand)라면 시장이다. 라면을 제조할 수 있는 능력은 없지만, 아이디어를 가지고 다양한 라면을 만들고 싶어 하는 업체에 라면을 맞춤 제작해 공급한 것이다. 편의점, 대형마트, 중소 업체 라면까지 다양한 브랜드에 라면을 생산해 공급하고 있는 PB 라면 제품 중에는 꾸준한 인기로 사랑받는 제품들이 많다.

팔도의 김치라면 기술로 만들어진 '오모리 김치찌개라면', 팔도의 짜장라면 기술이 접합된 '공화춘 짜장' 제품은 GS25 편의점과 GS더프레시 매장에서 오랫동안 사랑받아 온 최고의 인기 라면이며, 팔도 해물라면 기술이 접합된 '속초홍게라면'은 CU 편의점의 대표 라면이다. 이뿐만 아니라 저렴한 라면 공급을 위해서도 노력하고 있는데, 노브랜드 '라면한그릇'과 이마트24와 이마트의 '얼큰e라면' 제품은 고물가 시대에 저렴한 가격으로 소비자들에게 사랑받고 있다.

팔도에서 제조하고 있는 인기 PB 라면(팔도 제공)

혁신적인 아이디어로 기존 라면 시장에서 두각을 보였던 팔도가 앞으로 어떤 모습으로 라면 시장을 선도해나갈 수 있을까? 앞으로 팔도가 라면 시장에서 어떤 새로운 혁신으로 한국 라면 시장의 판도를 바꿔나갈 수 있을지 궁금하다.

02

다양한 라면과 미담으로 사랑받는 '오뚜기'

오뚜기의 모태가 된 기업은 1969년 창립한 풍림상사이다. 풍림상사는 1호 제품으로 1969년 분말 형태의 카레인 오뚜기 즉석카레를 출시하였고, 이후 오뚜기 토마토 케찹(1971), 오뚜기 마요네즈(1972) 등을 선보였다. 그리고 1973년 사명을 '오뚜기식품공업 주식회사'로 바꾼다.

오뚜기 카레, 스프, 케찹, 마요네스, 식물성 마가린 등 품질 좋은 식품을 생산해 우리나라 식생활 문화의 선진화를 이끄는 선구자적인 역할을 해왔다. 그리고 식품사업 다각화 측면에서 새로운 식품 부문을 검토하던 중 나날이 성장하고 있는 국내 인스턴트 라면 시장에 주목했다. 그리고 라면 사업 진출을 위해 고심하던 중 라면 사업에서 철수하고자 하는 청보 식품을 인수하기로 결정한다. 그래서 오뚜기 라면의 역사를 살펴보려면 1984년에 등장하여 수많은 라면 제품을 출시했다가 3년 만에 사라진 청보식품의 이야기를 먼저 살펴보아야 한다.

식품업계에 등장해 화제를 불러일으킨 청보식품(青寶食品)

청보식품의 모기업은 중견 섬유 기업 풍한방직(豊韓紡織)이다. 풍한방직은 1960년대까지 삼성그룹 제일모직에 버금가는 큰 섬유 기업이었다. 하지만 70년대 무리한 사업 확장으로 경영난에 겪었고, 결국 부도를 낸다. 그런데 풍한방직은 워낙 부동산 투자를 잘했고, 가지고 있던 부동산이 건재했기에 회사가 매각되지는 않았다.

풍한방직 창업주의 아들 김정우 회장이 회사의 경영을 맡은 후 새로운 사업 진출을 결심한다. 그리고 경제 발전 속에서 나날이 성장하고 있는 라면 시장에 주목한다. 그리고 1984년 5월, '청보식품(青寶食品)'의 설립과 함께 라면 시장 진출을 선포한다. 그리고 청보식품은 회사 설립 후 엄청난 투자로 마케팅을 펼치기 시작한다. 한국 프로야구팀 '삼미 슈퍼스타즈'를 인수하여 '청보 핀토스'로 창단해 세간에 화제가 되었고, 당시 농심 그룹 전속모델이자 유명 코미디언이었던 '이주일' 씨에게 거액을 주고 전속모델로 데려와 당시 최고의 가수였던 김수철과 함께 다양한 라면 광고를 내보내 화제를 끌기도 했다.

라면 사업에 진출했던 청보식품

이뿐만이 아니었다. 삼양식품에서 임직원을 대거 영입했고, 예비역 장성이자 하나회[4] 출신을 사장으로 영입해 군대에 라면을 납품하는 놀라운 성과도 냈다. 청보식품은 단기간에 소비자들에게 큰 관심을 얻었고, 라면 사업에 진출한 지 얼마 지나지 않아 라면 시장 점유율 5%를 차지하는 기염을 토하며 라면 시장 판도를 뒤흔든다.

당시 사람들은 전두환 정부 시절 갑자기 등장한 식품회사가 야구단을 인수하고, 유명 모델로 광고하며 라면을 만들어 팔고, 심지어 군대에 라면까지 납품하자 배후에 전두환 정부가 있는 것이 아닌지 의심했다. 청보(靑寶)가 '청와대(靑瓦臺)의 보물(寶物)'의 약자라는 이야기까지 나돌았을 정도였다.

4 한국 육군 내에 있었던 사조직. 전두환, 노태우가 중심이 되어 비밀리에 결성되었던 조직이었다.

당시 청보식품 영라면 광고
(인천상회 박물관)

초창기 청보에서 출시했던 '영라면'과 당시 가장 면 양이 많았던 '곱배기라면'은 저렴한 가격에 푸짐한 양으로 화제를 모았지만, 청보 라면의 인기는 곧 사그라들었다. 이유는 간단했다. 맛이 없었기 때문이다. 당시 청보 라면은 싱겁다는 평이 많았다. 혹자는 스프 양은 그대로인데 면 양이 늘어났으니 싱거운 것은 당연했다고 말하기도 했다. 면발 식감은 덜 익은 듯한 느낌을 주었으며, 포장도 문제가 있어 밑이 빠지는 라면으로 유명했다. 진입장벽이 높은 라면 산업에 이해가 부족한 상태로 급히 도전했기에 실력 부족이 빠르게 표면화된 것이다. 당시 청보는 광고 하나는 끝내준다고 좋은 평을 받았지만, 아무리 광고를 잘 만들어도 초기 출시했던 라면들이 맛이 없다는 평이 파다했기에, 소비자들은 청보 라면을 외면하기 시작했다.

청보 핀토스의 홈경기 때는 관객들에게 홍보를 위해 청보 라면을 무료로 나눠 줬는데, 당시 청보 핀토스 야구팀의 성적도 좋지 않았고, 동시에 라면 맛도 좋지 않아서 팬들은 받은 라면을 야구장에 던져버리는 경우가 많았다고 한다. 그래서 청보 핀토스의 경기가 끝나면 야구장에는 먹지도 않고 버려진 라면이 한가득하였고, 야구장의 청소 담당자는 버려진 라면을 치우느라 골치를 않았다고 한다. 당시 청보를 진심으로 응원하는 야구팬들도 청보 라면만큼은 힘겹게 먹었다는 일화가 전해지며, 일부 야구팬들은 청보 핀토스에게 "라면도 못 만드는 회사가 야구는 잘하겠냐?"며 조롱했다는 일화도 전해진다.

청보 대표 라면이었던 영라면과 곰배기라면(인천상회 박물관)

그럼에도 청보는 포기하지 않고 꾸준히 라면 사업을 지속한다. 모모라면, 우짜짜, 아줌마라면, 4번타자, 물텀벙, 라면박사 등 이름이 참 독특한 라면들을 연이어 출시했다. 하지만 이전에 출시된 라면을 맛보고 마음의 상처를 받은 소비자들의 마음을 되돌리는 것은 어려웠다. 청보의 라면 시장 점유율은 계속 하락했다. 결국 1987년 4월, 라면 사업 진출 3년 만에 청보식품은 경영부실로 폐업 위기에 몰린다. 라면 업계에서 혜성처럼 등장해 시장에 판도를 뒤흔들었던 청보식품은 3년도 안 돼 사라질 위기에 처한 것이다.

청보 아줌마 매운탕면
독특한 이름으로 화제가 되었다.

당시 라면 사업 진출을 위해 준비

하던 회사가 있었는데, 바로 식품업계에서 잔뼈가 굵었던 오뚜기었다. 1987년 11월 라면 회사를 설립한 오뚜기는 1987년 12월 청보식품의 라면 사업을 인수하고, 청보식품의 라면 제조 설비와 기술을 바탕으로 라면 시장에 도전한다.

오뚜기는 라면 업계에 늦게 뛰어들었지만, 무리하게 식품 사업에 뛰어들었던 청보와 달리 오랫동안 식품업계에서 다양한 식품을 개발하여 판매했던 노하우가 있었고, 전국적인 유통망도 있어 라면 사업에 자신감이 있었다. 라면 사업에 뛰어든 오뚜기는 대표 라면 출시를 위해 밤낮으로 연구했고, 이듬해 1988년부터 오뚜기는 라면을 출시하기 시작한다.

청보식품을 인수한 후 오뚜기가 출시한 라면들

오뚜기 대표 라면 '진라면'의 탄생

1988년 3월, 오뚜기의 대표 라면 진라면이 출시된다. 오뚜기는 진라면을 매운맛과 순한맛 2가지로 출시해 다양한 맛을 즐기는 소비자들의 니즈를 충족하고자 했다. 하지만 출시 당시 진라면은 인기를 크게 끌지 못했다. 그러나 꾸준히 한국 소비자들에게 자신의 매력을 보였고, 신라면을 라이벌로 삼아 끊임없이 신라면에 도전했다. 그러면서 소비자들의 입맛을 사로잡기 위해 꾸준히 맛을 리뉴얼했는데, 이러한 오뚜기의 노력으로 진라면은 소비자들의 입맛을 사로잡기 시작했고, 신라면 대비 저렴한 가격과 꾸준한 마케팅을 통해 한국 라면 시장에서 신라면과 경쟁하는 라면으로 자리 잡았다.

오뚜기 대표라면 진라면(오뚜기 제공)

갓뚜기가 된 오뚜기, 대세가 된 진라면

갓뚜기란 신을 나타내는 영어 'GOD'과 오뚜기의 합성어이다. 오뚜기에서 1800여 명의 시식사원을 순차적으로 정규직으로 채용한 일, 노숙자들을 위해 토스트를 제공하는 무료 봉사를 하는 석봉토스트에 소스를 무상으로 제공한 일, 창업주인 故 함태호 명예회장이 돈이 없어 심장병 수술을 하지 못하는 어린이들을 후원해 4000여 명 이상의 어린이가 새 생명을 찾은 일, 수백억의 기부금을 통해 장애인, 대학생 등을 도왔다는 따뜻한 미담이 전해지며 '갓뚜기'라는 이름이 붙여졌다.

오뚜기의 봉사활동 모습(오뚜기 제공)

그리고 오뚜기 회사에 대한 호감은 소비자들이 즐겨 먹는 라면의 매출로 이어졌다. 착한 기업 이미지와 함께 오뚜기 라면의 인기가 폭발적으로 증가했고, 진라면과 오뚜기 라면들은 승승장구하기 시작한다.

"이렇게 맛있는데 언젠가 1등 하지 않겠습니까?"

오뚜기가 2005년에 제작하여 방송한 TV 광고에서는 배우 차승원 씨가 등장해 "사실 지금 우리나라에서 가장 많이 팔리는 게 진라면이 아닙니다. 하지만 아니면 어떻습니까? 이렇게 맛있는데 언젠가 1등 하지 않겠습니까?"라고 말한다. 이 도발적인 광고는 이제 점점 현실이 되어가고 있다. 오뚜기는 2012년 삼양식품을 제치고 라면 업계 2위로 도약하였으며, 2009년 신라면이 25.6%, 진라면은 5.3%이었던 시장 점유율은 2019년 신라면 15.5%, 진라면 14.6%까지 격차를 좁혔다. 꾸준한 마케팅과 선행으로 소비자들의 마음을 사로잡은 갓뚜기와 진라면이 언젠가 1등 하는 날이 올까? 신라면과 진라면의 경쟁을 지켜보는 것은 꽤 흥미진진할 것이다.

해외로 진출하는 오뚜기 라면(오뚜기 제공)

진라면의 '진'은 진하다는 뜻이다. 국물이 진한 라면이라는 뜻을 담은 진라면은 국물을 선호하는 한국인의 입맛을 고려하여 이름 지어졌다. 오뚜기에서는 진짬뽕, 진짜장, 진비빔면 등 '진' 라면 시리즈를 지속해서 출시하고 있다.

오뚜기의 기발한 이색 라면

오뚜기에서는 다양한 라면들을 개발하여 판매하고 있다. 한식을 구현한 라면(콩국수라면, 팥칼국수라면, 쇠고기미역국라면, 북엇국라면, 옛날잡채), 오뚜기가 판매하고 있는 다른 식품과 콜라보해 출시한 라면(양송이스프라면, 순후추라면, 오뚜기카레면, 참기름 김치볶음면), 기존 라면을 변화시킨 라면(참깨라면 볶음면, 마열라면, 콕콕 치즈게티, 열려라 참깨라면) 등 신기하고 재밌는 제품들을 출시해 소비자들에게 놀라움을 안겨준다. 여름에는 콩국수라면을, 명절에는 옛날잡채 라면을 구입해 먹어보는 것은 어떨까? 알면 알수록 매력적인 오뚜기 라면의 세계로 초대한다.

청보에서 오뚜기로 이어진 라면 이야기

청보 열라면 → 오뚜기 열라면

오뚜기의 얼큰한 라면의 대표 열라면의 전신 제품이다. 출시 당시 “새로운 차원의 라면 맛”을 내세웠으며, 지금 열라면과는 달리 액상스프를 사용해 진하고 얼큰한 맛을 구현한 라면이었고, 가격도 비싼 편이었다. 당대 최고의 코미디언 故 이주일 씨가 등장해 특유의 어눌한 표정과 말투로 "맛만 있으면 값이 문제냐고요."라고 한 TV 광고가 화제가 되었다.

청보 스파게티 라면 → 오뚜기 스파게티 라면

오뚜기 스파게티 라면으로 계승된 제품이다. 케첩 맛을 강조하는 나폴리탄 스파게티 컨셉의 라면으로, 故 김형곤 씨가 광고 모델로 활약해 소비자들의 궁금증을 불러일으킨 제품이다.

오뚜기 감성을 물씬 느낄 수 있는 이색 음식점 '롤리폴리 꼬또'

2020년 11월, 오뚜기는 서울 강남구 논현동에 '롤리폴리 꼬또(rolypoly cotto)'를 오픈했다. '롤리폴리 꼬또'라는 이름은 '오뚝이'라는 뜻을 가진 롤리폴리(rolypoly)와 '요리된' 혹은 '구워진'의 의미를 갖는 이탈리아어 '꼬또(cotto)'가 합쳐져서 만들어졌다.

이곳은 오뚜기의 감성을 담아 만들어진 이색 음식점으로 우삼겹 파채 진라면을 필두로 다양한 이색 라면과 음식을 판매하고 있다. 분위기 좋은 매장에 저렴한 가격으로 영업하다 보니 인기가 좋다.

또한 롤리폴리 꼬또에서는 오뚜기의 이색 협업 상품(키링, 연필, 진라거 생맥주, 뚜기젤리 등)들을 판매하고 있으며, 식당 뒤편에는 오뚜기의 감성을 보여주는 다양한 전시 행사로 볼거리를 제공한다. 오뚜기를 좋아하거나 식품 회사에서 만든 이색 음식점에 관심 있는 분은 꼭 한번 방문해 보길 바란다.

- **주소:** 서울특별시 강남구 봉은사로51길 19 지하 1층, 지상 1층

(좌) 롤리폴리 꼬또 외부 모습 (우)롤리폴리꼬또 내부 모습

롤리폴리 꼬또의 우삼겹파채 진라면

03

유제품 전문 식품기업 '빙그레' 라면

바나나맛 우유, 투게더, 메로나로 유명한 유제품 전문 식품기업 빙그레에서 라면을 만들었다는 사실을 알고 있는가? 빙그레는 1984년 라면 사업에 진출해 무려 20년 가까이 라면 사업을 지속했다. 우리집라면, 맛보면, 이라면, 캡틴, 매운콩라면 등으로 추억되고 있는 빙그레 라면 이야기를 들려드리고자 한다.

빙그레의 라면 사업 진출

빙그레의 전신 기업은 1967년 설립된 대일양행(대일유업)이다. 아이스크림과 우유를 판매하여 식품업계에서 입지를 다진 대일유업은 1982년 사명을 '빙그레'로 바꾼다. 그리고 유제품에

집중된 기업의 사업 영역을 확대하기 위해 라면 사업 진출을 검토한다.

그리고 1984년 1월, 빙그레는 세계 최초의 라면 '치킨라멘'을 만든 일본 라면 기업 닛신식품과 기술을 제휴하고 라면 사업에 진출을 선언한다. 그리고 개그맨 김병조 씨를 전속 모델로 하여 다양한 TV 광고를 내보내며 빙그레 라면의 출발을 알렸다. 초창기 빙그레의 라면들은 닛신식품과의 기술 제휴 덕분인지, 후발 주자답지 않게 맛과 품질에 대한 시장의 반응이 좋았다.

추억의 빙그레 라면(인천상회 박물관)

라면 이름을 공모하고, 주현미가 광고한 '이라면'

빙그레가 출시한 라면 중에는 독특한 사연을 가진 라면들이 많다. 그중 하나가 바로 1989년 출시된 '이라면'이다. 당시 빙그레

주현미 씨의 광고로
화제가 되었던 이라면
(인천상회 박물관)

는 신제품 라면을 개발한 후 출시일이 임박해서도 라면의 이름을 짓지 못했다. 그래서 제품 품목 허가 신고를 할 때 '이 라면의 이름을 지어주세요'라고 일단 신고했고, 이런 곤혹스러운 상황을 역이용해 라면 이름을 공모하는 마케팅을 실시한다. 그런데 결국 결정된 이름은 '이라면'. 약간 맥 빠지는 결과였지만, 빙그레는 공모를 통해 '이라면'으로 이름 지어졌다는 사실을 알리며 적극적으로 마케팅한다. 당시 유명 가수였던 주현미 씨를 광고 모델로 기용했는데, 주현미 씨의 히트송이었던 '짝사랑'을 개사한 이라면 CM송은 감미로운 노랫가락으로 소비자들을 즐겁게 했다. 이라면은 물을 적게 넣고 자작하게 끓여 먹는 방식의 라면이었는데, 가격은 조금 비쌌지만 불고기 맛을 보여주는 순한맛 고급라면으로 많은 사람이 기억하고 있다.

기존 업체를 긴장시켰던 매운콩라면

1998년 11월, 빙그레에서는 100% 콩기름(대두경화유)으로 만든 매운콩라면을 출시한다. 출시 1개월 만에 27만 박스를 판매했고, 출시 첫해 300억 원의 매출을 올렸을 정도로 엄청난 인기를 얻었다.

엄청난 인기로 화제 되었던 매운콩라면(인천상회 박물관)

매운콩라면은 팜유를 사용해 만들던 기존 라면들과 차별화를 시도한 라면이었는데, 소비자 불만 조사에서 "라면 기름이 안 좋다"는 대답이 나온 데 착안해 콩기름을 이용해 만든 라면으로 기름 논쟁과 함께 시장에서 돌풍을 일으켰다. 또한 당시 인기 연예인 남희석, 차승원, 공효진, 최상학 씨를 광고 모델로 섭외해 대대적으로 광고했다. 매운콩라면의 돌풍에 대응하기 위해 업계 1위였던 농심은 콩라면을 출시해 대응했을 정도로 매운콩라면의 파급력은 대단했다. 빙그레 라면을 기억하지 못하는 사람들도 매운콩라면은 기억하는 경우가 많을 정도로 인기 라면이었다.

경영난으로 라면 사업에서 철수한 빙그레

빙그레는 우리집라면, 맛보면, 캡틴, 매운콩라면 등 스테디셀러 라면을 꾸준히 늘려가며, 라면 사업에서 성과를 보여주고 있었음에도, 빙그레의 주력 사업은 여전히 유제품, 아이스크림 사업(바나나맛 우유, 요플레, 메로나, 투게더 등)이었다. 그리고 무리한 사업다각화로 인해 회사 사정은 어려워졌다. 빙그레는 사업의 집중과 수익성 개선을 위해 2000년부터 비주력 사업을 정리하기 시작했다. 2000년에는 초코케이크 사업을, 2001년에는 베이커리 사업을 정리했다. 그리고 다음으로 빙그레가 정리를 결심한 것은 라면 사업이었다.

빙그레는 17년 넘게 라면 사업을 지속해 오면서 다양한 라면을 출시하고 마케팅을 지속했지만, 한때 라면 시장 점유율 10% 이상을 달성했던 빙그레의 라면은 기존 라면 업체들과의 경쟁에서 점점 밀리기 시작했다. 2002년에는 3%의 시장 점유율을 기록했고, 328억 원 매출에 35억 원 순손실을 기록하며 적자를 면치 못했다. 빙그레는 식품 사업의 집중을 위해 주력사업과 연관성이 떨어지는 라면 사업을 과감히 정리하기로 결심하였고, 2003년 라면 사업에서 전면 철수하게 된다.

빙그레는 다시 라면을 만들 수 있을까?

라면 사업에 철수한 빙그레는 후에도 다른 회사와의 제휴를 통해 다양한 라면 출시를 검토했다. 빙그레는 2020년 특허청에 '매운콩라면' 상표권을 출원했고, 팔도와 협력해 매운콩라면 재출시를 검토한다는 기사가 나왔다. 하지만 실제로 출시로 이어지지는 않았다.

2021년 빙그레는 오뚜기와 손잡고 빙그레 꽃게랑 스낵과 협업한 꽃게랑면을 출시했다. 한정판으로 출시된 꽃게랑면은 이색 컨셉으로 소비자들에게 사랑받았다.

17년 이상 라면 사업을 지속해 온 빙그레는 다시 라면을 만들 수 있을까? 빙그레 라면이 그립다.

오뚜기와 협업해 만든 꽃게랑면

최민수 씨가 등장하여 광고했던 '캡틴' 컵라면과
빙그레 대표라면 '우리집라면', '맛보면' 광고 포스터
(인천상회 박물관)

04

건강하면서도 맛있는 라면에 도전하는 '풀무원'

풀무원의 건강한 라면 개발을 위한 노력과 냉장 생라면

건강한 라면을 만들 수는 없을까? '바른 먹거리'의 대명사 풀무원이 던진 질문이다. 국내 최초로 포장두부를 출시하고, 콩나물 등 다양한 식품 사업을 통해 소비자들에게 사랑을 받던 풀무원은 1995년 라면 시장에 뛰어들었다. 풀무원의 라면 사업은 기존 소비자들에게 익숙한 유탕면이 아니라 냉장 생라면으로 시작되었다. 천연원료에서 추출한 액체스프와 생채소류를 그대로 썬 건더기스프를 이용했고, 방부제와 산화방지제 등을 일절 사용하지 않은 프리미엄 냉장 라면이었다. 하지만 유통기한이 짧다는 점과 고가의 가격 때문에 기존 라면 업체들이 장악한 라면 시장에서 큰 성과를 내지 못했고, 1996년 라면 사업에서 철수한다.

하지만 풀무원은 라면에 꾸준히 관심을 가졌고, 2005년 '생가득 생라면' 2종을 출시하며 라면 시장에 재도전한다. 당시 출시한 생가득 생라면 제품도 냉장 라면이었지만, 가격을 인하하고 다양한 마케팅으로 소비자들에게 어필해, 2009년에는 생라면에서 51억 원의 매출을 달성하며 소기의 성과를 얻는다.

풀무원 라면을 제조하는 피피이씨 음성생면 공장 전경(풀무원 제공)

상온 건면 기술로 라면 시장에 도전하다

풀무원은 라면을 좋아하는 소비자들의 입맛을 사로잡기 위해서는 상온에서 유통이 가능한 라면 개발이 필요하다고 느꼈다. 건강하면서도 기존 유탕면 라면들과 차별화된 제품 개발을 위해 상온 건면 라면 개발에 투자한다. 그리고 갓 뽑은 생면을 '바람 건조공법'으로 고온에서 단시간에 건조해, 생면 그대로의 쫄깃함이 살아있도록 하는 풀무원만의 건면 제조 기술을 획득한다.

풀무원은 2011년 '자연은 맛있다' 브랜드를 통해 상온 건면 제품으로 라면 시장에 도전장을 내밀었다. '자연을 맛있다 생라면'은 기름에 튀기지 않고, 합성 착향료 등 기존 7가지 화학첨가물을 넣지 않고 만든 건강 라면임을 강조했다. 뒤이어 2012년 4월 '백합 조개탕면', 2012년 6월에는 '꽃게짬뽕'을 출시했다. 꽃게짬뽕 제품은 출시 5개월 만에 누적 매출 100억 원을 달성하며 라면 시장에 화제를 일으켰고, 풀무원 건면 라면이 흥행할 수 있다는 가능성을 보여주었다.

맛으로 인정받은 육개장칼국수

풀무원은 계속 건면 기술을 갈고닦았다. 유탕면과 달리 건면 제품들이 면과 국물 맛이 조화를 잘 이루지 못하는 문제를 해결하기 위해 기술 개발에 박차를 가했다. 그리고 2015년에는 면에 공극을 넣어 스프 배임성이 우수한 건면의 제조 방법 기술을 개발하고 특허를 출원한다. 건조 중 자연스레 생긴 구멍으로 국물이 배어들어 진한 맛을 느낄 수 있는 기술을 개발한 것이다. 그리고 갈고닦은 기술로 새로운 신제품 라면 개발에 심혈을 기울인다.

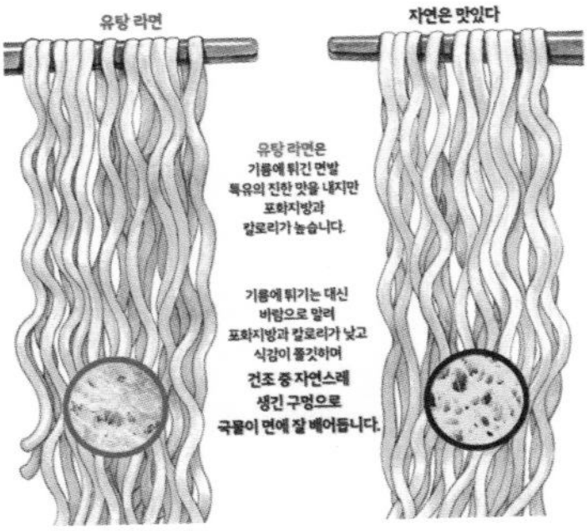

풀무원의 제면 기술(풀무원 제공)

풀무원은 새로운 건면 제조 기술로 2016년 1월 '육개장칼국수' 제품을 출시한다. 육개장칼국수 제품은 사골과 양지를 전통 가마솥 방식으로 6시간 동안 정성스럽게 우려낸 육수에 차돌박이와 베트남 고추를 볶은 풍미유를 더해 구수하고 얼큰한 맛이 일품인 제품이었는데, 발전된 건면 제조 기술 덕분에 진한 풍미를 잘 구현할 수 있었다. 육개장칼국수 제품은 출시되자마자 선풍적인 인기를 얻었다. 출시 3개월 만에 서울 지역 대형 할인점에서 쟁쟁한 라면들을 제치고 매출 5위를 기록했으며, 6개월 만에 2000만 개를 판매해, 칼국수 라면 시장에서 36.5% 점유율로 1위를 기록했을 정도였다. 새로운 기술로 개발된 육개장칼국수는 어느새 풀무원 대표 라면으로 자리 잡았다. 풀무원은 건면 시장에서 구체적인 성과가 보이자 브랜드를 '생면식감'으로 바꾸고 돈코츠라멘, 탱탱 비빔쫄면 등 다양한 후속 라면 제품을 출시한다.

풀무원의 대표 라면 '육개장칼국수'와 '꽃게탕면'
로스팅 시리즈로 리뉴얼되었다.

정체된 유탕면 시장과 달리 풀무원 제품이 돌풍을 일으킨 건면 시장은 매년 급속도로 성장했다. 그리고 풀무원이 건면에서 다양한 제품을 출시하여 소비자들의 마음을 사로잡자, 기존 메이저 라면 업체들도 건면 시장에 관심을 기울이기 시작한다. 하지만 건면 기술력에 자신이 있었던 풀무원은 메이저 업체의 도전에 위축되지 않았고, 2019년 풀무원 충북 음성 라면 공장의 생산 규모를 일 17만 개에서 37만 개 규모로 증설하며 건면 시장의 우위를 확보한다.

2019년 7월 프로야구팀 한화이글스와 협업한 '풀무원 포기하지 마라탕면'
(풀무원 제공)

로스팅 기술로 만든 신개념 라면 '정백홍' 출시

(좌) 로스팅 기술로 만든 정백홍 라면 (우) 정백홍 라면 조리 모습(풀무원 제공)

건면 시장에서 독보적인 모습을 보이며 기술력을 쌓아나가던 풀무원은 새로운 컨셉의 2세대 건면 제품을 출시한다. 기존 '생면식감' 브랜드를 '자연은 맛있다'로 리뉴얼 후 2020년 8월 로스팅 공법으로 자연의 맛을 극대화한 정백홍라면(정면·백면·홍면)을 출시한 것이다. 정백홍라면은 출시되자마자 각자의 특색으로 소비자들에게 큰 관심을 불러일으켰다. 동물성 재료 없이 12가지 채소로 맛을 낸 비건 라면 '정면', 시원하고 칼칼한 맛이 일품인 조개곰탕면 컨셉의 '백면', 소고기와 버섯 마늘로 진한 얼큰함을 구현한 '홍면' 모두 흥행에 성공했다. 배우 조인성 씨가 tvN 프로그램 '어쩌다 사장'에서 자신의 인생라면이라고 소개했을 정도였다. 풀무원 홍면은 대만의 온라인 쇼핑몰에서 가장 많이 팔린 라면 2위를 기록했고, 풀무원 라면에 대한 대중의 관심은 날로 높아졌다.

건강하면서도 맛있는 풀무원 라면을 개발하기 위해 노력하는 연구원들의 모습
(풀무원 제공)

로스팅 라면의 흥행으로 건면 시장을 선도하다

풀무원의 다양한 라면 제품들(풀무원 제공)

풀무원 로스팅 라면에 모인 대중의 관심을 이어 나가기 위해 풀무원은 다양한 제품을 연이어 출시했다. 2021년 4월 다양한 맛과 특색을 지닌 정백홍 비빔면(정비빔면·백비빔면·홍비빔면), 2021년 9월에는 깊고 진한 풍미를 살린 '로스팅 짜장면 2종(파기름, 고추기름)', 2022년 6월에는 일본 라멘 느낌을 담은 '로스팅 돈코츠라멘(오리지널, 매운맛)'을 출시했다.

이런 꾸준한 노력 덕분에 풀무원의 라면을 사랑하고 풀무원 라면만을 찾는 마니아층이 늘어났고, 로스팅 라면의 매출도 증가했다. 로스팅 라면 출시 3개년간 매출이 평균 76% 성장했고, 2023년 5월 기준 5000만 개를 판매했다. 특히 2021년 9월에 출시한 '로스팅 짜장면 파기름' 제품이 엄청난 흥행을 보여주었는데, 제품을 먹어 본 소비자들 사이에서 깔끔하면서도 맛있고, 먹고난 후 속이 더부룩하지 않은 짜장라면으로 소문난 것이다.

풀무원에서는 건강한 라면을 만든다는 철학으로 다양한 라면을 개발해 합리적인 가격으로 판매하고 있다. 나날이 성장하는 건면 시장 속에서 풀무원은 또 어떤 놀라운 모습을 보여줄까? 바른 먹거리를 지향하는 풀무원의 철학과 풀무원의 맛있는 라면들이 승승장구하기를 기원한다.

풀무원 로스팅 라면의 대표 제품 '로스팅 짜장면 파기름'(풀무원 제공)

풀무원은 서울특별시와 손잡고 '서울라면'을 출시해
한국의 수도 서울을 대표하는 라면으로 홍보하고 있다.
(좌) 로스팅 서울라면 / (우) 로스팅 서울짜장

05

종합식품기업으로 도약하기 위해 라면 시장에 도전한 '하림'

한국의 소비자들에게 닭고기 브랜드로 유명한 하림은 단순히 닭고기만 파는 기업이 아니다. 하림 그룹은 닭고기, 돼지고기, 사료, 홈쇼핑, 해상화물 운송 등 다양한 사업을 펼치고 있는 기업이다. 그리고 하림에서는 2022년 종합식품기업으로 도약하겠다고 발표하며 라면 사업에 진출했다. 하림 기업의 성장과 라면 사업 진출 속에는 창업주 김홍국 회장의 놀라운 이야기가 숨어있다.

하림의 뿌리는 1978년 전라북도 익산시 황등면에서 김홍국 회장이 세운 황등농장이다. 그래서 하림 라면의 이야기를 알기 위해서 김홍국 회장이 어떻게 하림을 세우고, 라면 사업에 진출하게 되었는지 살펴보자.

김홍국 회장은 어릴 때부터 경제에 관심이 많았고, 어렸을 때 사업을 시작했다. 그가 경제에 눈을 뜨게 된 계기는 초등학교 4학년 때 외할머니가 사준 병아리 10마리였다. 어린 김홍국은 외할머니가 사주신 병아리를 애지중지 길렀는데, 직접 개구리와 미꾸라지를 잡아 삶은 후 쌀과 함께 모이로 주며 키울 정도였다. 당시 병아리의 가격은 7원이었고, 다 큰 닭의 가격은 300원씩에 판매되던 때였다. 김홍국이 애지중지 키운 닭은 건강했고, 잘 키운 닭을 판매해 어린 나이에 큰돈을 벌었다. 그 시절 동물을 기르는 것도 재밌는데 돈도 벌 수 있다는 사실이 너무 재밌었다고 한다. 더욱 놀라운 것은 보통 아이들이라면 번 돈을 금방 써버리기 쉬울 텐데도, 김홍국은 자신이 번 돈으로 다시 병아리를 구입했다. 그렇게 10마리로 시작한 병아리는 200마리까지 늘어났고, 염소와 돼지도 길렀다. 고등학교 진학쯤에는 이미 규모가 엄청났는데, 김홍국은 사업을 지속하고 싶었다. 성적이 좋았던 김홍국은 인문계를 진학하지 않고 농업고등학교에 진학해 사업을 지속한다.

고등학생 때 벌써 사업자등록을 했고 수천 마리의 닭과 수백 마리의 돼지를 키웠다. 월급을 주는 직원도 여럿 두었는데, 직원들이 김홍국에게 결재받으러 교실 밖에서 기다리는 일도 있어서 당시 김홍국의 별명은 '꼬마 사장'이었다. 그리고 김홍국은 고등학교 3학년 때 자본금 4000만 원으로 하림의 모태가 된 '황등농장'을 설립한다. 당시 김홍국은 양계사업으로 월 300만 원 이상을 벌었다고 하는데, 당시 공무원 월급이 20만 원 안팎이었던 시절이었으니, 젊은 김홍국이 얼마나 큰 돈을 벌었는지 가늠해 볼 수 있을 것이다.

하지만 승승장구하던 김홍국 회장에게 시련이 찾아왔다. 사업을 확장하면서 빚을 냈는데, 1980년대에 들어서면서 닭 전염병이 돌기 시작했고, 닭고기 가격이 폭락하며 위기를 맞게 된 것이다. 빚을 갚기 어려워 사업을 유지할 수 없었던 그는 황등농장을 포기한다. 그리고 식품회사 직원으로 일하며 빚을 갚으며 후일을 도모했다. 낮에는 직원으로 일했고, 밤에는 돼지를 길렀다. 식품회사에 다니는 과정에서 돼지고기 가격이 폭락해도 소시지 가격은 내려지지 않는 것을 보고 가공육 시장에 눈을 떴고, 농장에서 가축 사육, 공장에서 육제품 가공, 시장에서 유통과 판매를 모두 계열화하는 '삼장(三場) 통합경영'을 구상한다. 그리고 빚을 모두 갚은 김홍국은 다시 사업을 시작했다. 김홍국은 사업을 시작하며 기업으로 도약할 수 있는 시스템을 만들었는데, 바로 병아리 위탁 사육 시스템이었다. 농가에 병아리와 시설재, 사료 등을 공급해 주면, 농가에서 병아리를 닭까지 키워주는 시스템이다. 병아리가 커서 닭이 되면 수수료를 주고 닭을 가져왔다. 이러한 시스템 덕분에 많은 닭을 공급받을 수 있었고, 80년대 닭고기 수요의 폭증 속에서 김홍국은 큰돈을 벌었다.

1986년 3월 김홍국은 하림식품을 설립한다. 하림(夏林)은 더운 여름에 숲과 같은 쉼을 주겠다는 뜻으로 지어졌다. 1991년에는 국내 최대 도계 가공공장(1일 최대 도계량 30만 수)을, 1996년 5월 국내 최대 부화장을, 1997년 9월에는 최대 규모의 육가공 공장을 준공한다.

하지만 승승장구하던 하림에게 위기가 찾아왔다. IMF가 터져 이자율이 급등한 것이다. 굴지의 기업들이 높은 이자를 감당하지 못하고 부도를 내고 하나둘 사라졌다. 공장 준공으로 큰돈을 썼던 하림에게도 어려운 시기가 다가왔다. 김홍국은 투자금을 얻기 위해 발 벗고 나섰는데, 김홍국의 절박한 노력 덕분에 국제금융공사 IFC 투자협정을 체결하여 2천만 달러를 투자를 유치해 큰 위기를 벗어날 수 있었다.

위기를 잘 넘긴 하림은 다시 안정되며 성장하는 듯했으나, 더 큰 어려움이 찾아왔다. 2003년 5월 화재로 1만 평이 넘는 본사 공장이 전소하게 된 것이다. 1000여억 원의 피해가 발생했다. 설상가상으로 조류독감이 유행하며 닭고기 매출이 급감했고, 하림은 창사 이후 최대의 위기에 놓였다. 김홍국은 밤잠을 들지 못했고, 직원들 앞에서 눈물을 보이기도 했다. 재기하려면 공장을 다시 지어야 했지만 자금이 부족했다. 김홍국은 대출을 위해 다시 발 벗고 나섰다. 거래하던 외환은행에 찾아갔고, 전소된 공장은 낙후된 공장이었으니, 최신 설비의 공장으로 다시 공장을 지어 사업한다면 큰돈을 벌 수 있다고 은행을 설득했다. 김홍국의 설득과 하림의 꼼꼼한 사업 계획 덕분에 다행히 대출을 받아 공장을 지을 수 있었다.

새로운 공장에서 사업하자 생산성이 더욱 올라갔다. 하림은 1년 만에 사업 정상화를 이뤘고, 2년 만에 최대 흑자를 기록한다. 그리고 은행에서 대출했던 돈은 4년 만에 이자까지 모두 상환한다.

익산 하림 퍼스트키친. 하림은 대대적인 투자와 함께 라면 사업에 진출했다.

종합식품회사로서의 도약 그리고 중심에 있는 라면 사업

그 후 승승장구하며 국내 육계 시장 및 사료 시장 점유율 1위 업체가 된 하림은 다시 한번 새로운 도전을 시작했다. 종합식품회사로 도약하기 위해 대대적으로 투자한 것이다. 하림은 전라

북도 익산에 부지면적 12만 3429m²(약 3만 6500평)에 5200억 원을 투자해 제조시설 '하림 퍼스트키친'을 만들었다. 이러한 투자 덕분에 기존에 하림이 생산하지 않았던 즉석밥, HMR(가정 대용식), 라면 등을 생산할 수 있게 되었다. 다양한 사업에서 놀라운 성과를 보여준 하림이 라면 사업에 진출한다는 소식은 라면 업계를 긴장하게 했다.

라면 사업은 초기 투자 비용이 만만찮고, 기존 라면들에 익숙해진 소비자들의 입맛을 바꾸기 어렵다는 점 때문에 진입장벽이 높다. 하지만 하림의 라면 사업에 대한 의지는 확고했다. "자연의 신선한 식재료를 사용하여 최고의 맛있는 라면을 생산한다"는 각오로 지하 1층, 지상 4층, 약 90만 식, 연간 약 2억 3천만 식을 생산할 수 있는 라면 공장에서 라면을 만들어 내기 시작했다.

프리미엄 라면 '더미식'으로 시장에 도전하다

하림은 '프리미엄' 전략을 펼쳤다. 인스턴트 라면의 한계를 넘어 가정간편식(HMR) 수준의 퀄리티를 목표로 라면을 개발했다. 사골과 소고기, 닭고기 등 동물성 재료와 버섯, 양파, 마늘 등 각종 채소를 20시간 끓인 뒤 그대로 농축하여 라면의 맛을 내는 소스를 만들었다. 그렇게 하림이 공들여 만든 첫 라면은 '더미식 장인라면'이다. 장인라면은 당시 넷플릭스 인기 프로그램 '오징어

게임'으로 글로벌 인기를 얻은 배우 이정재와 함께 광고했고, 대중들에게 빠르게 알려졌다. 장인라면은 기름에 튀기지 않아 깔끔했고, 소화가 잘되는 라면으로 인기를 얻었다.

하림은 후속작으로 더미식 유니자장면, 더미식 비빔면 등을 출시하며 제품군을 넓혔다. 그뿐만 아니라 챔라면, 닭육수 쌀라면 등 다양한 라면들을 출시하며 소비자들에게 다양한 선택지를 제공하고 있다.

하림은 닭고기 베이스의 라면들도 다양하게 출시하고 있다.

하림의 라면들은 프리미엄을 표방하다 보니, 기존 제품들보다 가격이 비싼 것이 흠이다. 장인라면의 경우 편의점 기준 봉지면

1개 2200원, 컵라면 1개 2800원에 출시되었다. 이러한 고가 정책은 더미식 유니짜장면, 더미식 비빔면, 챔라면 등 후속 제품에서도 여전히 유지됐다. 비싼 가격은 소비자들의 관심을 불러일으키는 데 일조했지만, 판매량의 감소라는 결과를 낳았다. 매달 엄청난 양의 라면을 구입해 먹고 소개하는 필자도 하림 라면의 경우 할인 행사를 할 때가 아니면 구입이 망설여진다. 하림 라면이 맛있지만, 라면을 자주 먹는 서민들 입장에서 하림 라면의 가격을 보면 선뜻 손이 가지 않은 것이 사실이다.

하지만 꾸준한 신제품 개발과 노력 덕분에 점점 하림 라면의 진가를 알아가는 소비자들이 늘어나고 있다. 또한 수출과 OEM 라면 제조 등으로 하림 라면의 지변을 넓히고 있다.

다른 회사들의 라면들에 비해 고가의 가격으로 판매되는 하림 라면들
(홈플러스 매대 사진)

누군가 필자에게 "저는 라면을 가격 생각하지 않고 구입해요. 가격을 떠나서 하림의 라면이 맛있나요?"라고 물어보기에 "하림 라면의 맛과 품질은 확실합니다."라고 대답했던 기억이 난다. 하지만 라면 시장에서 가격은 매우 중요하다. 라면 시장의 주 소비층은 라면을 1년에 몇 번 먹는 사람이 아닌, 필자처럼 라면을 주식으로 삼는 사람들인데, 라면을 정말 좋아하는 사람들은 라면을 많이 구입하게 되기에 가격을 신경 쓰게 되기 때문이다.

그럼에도 '프리미엄 라면'이라는 철학으로 뚝심 있게 라면 사업에 도전하고 있는 하림 라면이 한국과 전 세계인의 입맛을 사로잡고, 하림의 성공 신화가 라면 사업에서도 이어지기를 기원한다.

하림에서 출시한 어린이 전용 푸디버디 라면

06

우리 원료로 라면을 만든다. 감자라면의 강자 '새롬식품'

"내 가족이 먹는다"는 마음으로 친환경 먹거리 개발에 힘써온 새롬식품은 더불어식품으로 시작되었다. 1988년 콩나물 생산으로 시작된 사업은 국산 농산물을 사용해, 빵, 면, 과자, 어묵, 두부 등을 판매하며 사업을 확장했다. 그리고 2000년 11월에는 라면과 냉면 제조가 가능한 전북 완주공장을 인수하여 제품을 만들었다.

처음에는 우리 밀로 만든 라면을 생산했다. 그러던 중 국산 감자 가격이 폭락하는 것을 보고, 국산 감자의 안정적인 판로를 확보하기 위해 감자라면 개발의 필요성을 깨달았고, 감자라면을 만들기 위해 밤낮없이 연구했다. 실험용으로 구입한 엄청난 양의 감자를 이용해 감자라면 개발을 시도했지만 번번이 실패했고, 구입해 온 감자가 모두 바닥나기 전 기적적으로 감자라면 개발에 성공했다. 그리고 2001년 11월 감자라면 특허를 출원하고, 감자라면 생산을 시작했다.

새롬식품 라면의 대표 '감자라면'

더불어식품이 만든 감자라면은 감자분말 및 전분을 주원료로 해서 만든 라면이다. 국산 감자전분 50%, 국산 감자분말 3%이 함유된 감자면은 밀가루면에 비해 쫄깃하고, 소화가 잘되어 속이 더부룩하지 않고 편한 것이 장점이다. 또한 감자에 있는 다양한 영양소 덕분에 라면을 더욱 건강하게 맛볼 수 있다고 홍보하고 있다.

새롬식품 대표라면 '감자라면'
밀가루 면이 부담스러운 분들에게 인기가 좋다.

감자라면은 출시되자마자 큰 인기를 얻었다. 농수산 홈쇼핑에서 100만 개를 판매하며 화제를 끌었고, 밀가루 면이 잘 소화되지 않는 소비자들에게 큰 호평을 얻어, 더불어식품의 대표 라면으로 자리 잡았다. 2004년 더불어식품은 새롬식품으로 사명을 바꾸었고, 감자라면 특허(제0452928호)를 획득했다. 또한 현미 채식라면, 쌀라면, 채식짜장면, 우리밀 김치라면 등 우리 농산물로 만든 특색 있는 라면을 출시하여 호평받고 있다.

새롬식품의 자체 브랜드 라면도 다양하다.

OEM 라면 제조 시장의 강자

또한 새롬식품의 기술력은 OEM(Original Equipment Manufacturing)[5] 라면 제조 시장에서 높은 평가를 받고 있다. 합리적인 MOQ[6]를 가지고 있어 다양한 회사에서 OEM 라면 주문 제의가 꾸준히 들어오는 것이다. 2002년 8월부터 신동방과 라면 생산 계약을 체결하여 OEM 방식으로 신동방 해표라면(해표 감자라면, 해표 현미라면)을 제조해 납품하기도 했고, 현재는 한살림, 초록마을, 두레생협, 애터미, 삼육 등 PB 라면을 제조해 납품할 뿐 아니라 지역 특산 라면(군산짬뽕라면, 전주비빔면, 강화섬 쌀로 만든 시골쌀라면 등) 등 다양한 업체들이 원하는 라면을 제조해 납품하고 있다.

---

5 OEM: 주문자의 의뢰에 따라 주문자의 상표를 부착하여 제품을 생산해 주는 방식

6 MOQ: 최소주문수량(Minimum Order Quantity의 준말)

새롬식품에서 OEM 제조하여 납품하고 있는 라면들

라면 개발을 하고 싶어 고민하는 신생 기업이나 소상공인에게 새롬식품의 존재는 매우 고맙다. 대기업 대비 1/3에서 1/5 정도의 MOQ와 우리 밀, 우리 감자, 우리 쌀을 이용한 라면을 만들 수 있다는 점, 비건 라면을 생산할 수 있다는 여러 강점을 가진 덕분에 많은 곳에서 새롬식품을 통해 라면을 만들고 있다.

새롬식품은 '소통과 발전을 도모하는 생산공동체'라는 철학을 가지고 기업을 운영하고 있다. 30년 넘게 우리 농산물을 이용해 라면을 만들겠다는 고집을 이어 나간 덕분에 국산 농가 소득 증대에 큰 역할을 하고 있다. 앞으로도 새롬식품이 지역 사회와 상생하는 좋은 모습을 꾸준히 보여주기를 기대한다.

07

지역 업체의 한계를 넘은 '맥소반'

맥소반 MACSOBAHN

맥소반(麥小盤)은 '보리 음식을 차린 작은 밥상'을 의미한다. 맥소반은 보리 경작 확대, 쌀 소비 증진 등 농민 소득 증대를 목적으로 2011년 농림축산식품부 정책사업의 향토산업으로 선정되어, 농민들이 함께 힘을 모아 설립한 기업이다. 2014년 공장 설립 후, 보리라면과 쌀라면을 개발하고 2015년 출시하였다.

맥소반의 대표 라면 '보리라면'과 '쌀라면'

맥소반 보리라면 제품은 보리를 주원료로 한 라면이다. 면 중 보리가루가 50%가 함유된 보리라면은 경남 고성의 보리를 이용하여 만들어지는데, 보리로 만든 라면인 덕분에 베타글루칸(Beta-Glucan) 및 다양한 영양소가 들어있는 것이 장점이다. 또한 면발이 구수하고 쫄깃한 식감이 기존 밀가루 면과 비교해도 부족함이 없다.

보리라면과 함께 개발된 산사秀라면은 면 중 국내산 쌀이 50%가 함유된 쌀라면이다. 고기가 들어가지 않은 채식 라면일 뿐 아니라 오신채[7]가 들어있지 않은 라면으로 스님들이 드시기 좋아 일명 '스님라면'이라고도 불린다. 또한 쌀짜장면 제품도 소비자들에게 사랑받고 있다.

맥소반 라면들은 국산 원료를 이용해 만들다 보니 대기업 라면들에 비해 가격이 조금 비싼 편이지만, 대기업에서 만들지 못하는 특색 있는 라면을 출시해 판매하며 꾸준한 사랑을 받고 있다.

수출, ODM, OEM으로 판로를 확보하다

맥소반은 비건 인증, 할랄 인증라면 출시 후 국내외 각종 박람회에 참가하여 소비자 및 바이어에게 맥소반 라면의 매력을 알렸고, 2019년부터 라면을 수출하고 있다. 사내연구소와 현장에서 라면 개발을 위해 힘쓰고 있다. 또한 ODM(Original Design

---

7 오신채(五辛菜): 불교에서 금하는 다섯 가지 음식(달래, 마늘, 부추, 파, 양파)

맥소반 공장 전경 모습(맥소반 제공)

Manufacturing)[8] 및 OEM을 통해 새로운 판로를 지속해서 개척하고 있다. 특히 세상에서 제일 매운 고추로 알려진 '캐롤라이나 리퍼' 고추를 사용한 강렬한 매운맛으로 사람들을 사로잡은 '불마왕라면'을 제조해 화제를 불러일으키기도 하였다.

지역 제조업체의 한계를 극복하고 세계로 뻗어나가고 있는 맥소반이 앞으로 어떤 신기하고 맛있는 라면을 개발해 사람들을 놀라게 할 수 있을지 궁금하다. 맥소반의 선전을 응원한다.

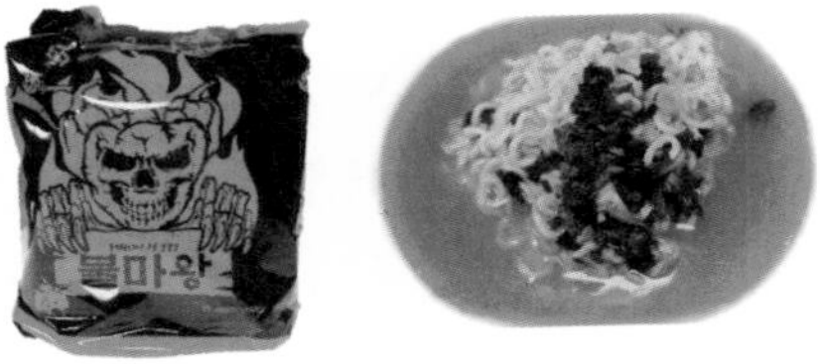

맥소반에서 OEM 생산하고 있는 금비 불마왕라면

8 ODM: 개발력을 갖춘 제조업체가 판매망을 갖춘 유통업체에 상품 또는 재화를 제공하는 생산방식

08

특색을 가지고 도전하는 라면 이야기

라면을 판매하는 회사 중에는 직접 라면을 제조하는 것이 아니라, 자신들이 원하는 라면을 기획한 후 라면 제조 능력을 갖춘 회사와 협상하여 라면을 생산하고 판매하는 기업들이 있다. 이번 코너에서는 다양한 아이디어로 소비자들에게 꾸준히 사랑받는 라면을 소개해 본다.

인천 강화섬 쌀로 만든 비건 라면 '강화섬 쌀로 만든 시골쌀라면'

"인천 농민들이 땀 흘려 만든 농산물을 제값에 팔 수 있도록 도울 수 없을까?"

"시민들이 원하는 질 좋은 인천 지역의 농산물을 알릴 수 없을까?"

인천의 좋은 먹거리를 소비자들에게 연결해 주기 위해 노력하고 있는 단체 '인천로컬푸드생산자협동조합(이하 인천로컬푸드생

강화섬 쌀로 만든 시골쌀라면 모습(인천로컬푸드생협 제공)

인천로컬푸드생산자협동조합의 강화섬시골쌀라면

협)'은 농가 소득 확대를 위해 고심하고 있었다. 그리고 쌀 판로 확대를 위해 고민하던 중 '쌀라면'에 주목하게 된다. 당시 쌀라면 제조 기술을 가진 새롬식품과 접촉해 쌀라면 개발을 논의했다. 쌀라면을 만들 때 면 속에 강화섬 쌀을 최대로 얼마나 넣을 수 있는지 문의했고, 면 중 40.49%까지 쌀을 넣을 수 있다는 말을 듣고, 강화섬 쌀을 이용한 쌀라면 '강화섬 쌀로 만든 시골쌀라면(이하 시골쌀라면)' 개발에 착수했다. 기존 시판되는 라면과의 차별성을 두기 위해 밀가루를 사용하지 않고, 쌀가루와 감자전분만으로 면을 만들었고, 동물성 원료가 들어가지 않아 채식하시는 분들도 드실 수 있는 비건 라면으로 개발했다.

2019년 시골쌀라면이 출시되었다. 처음에는 잘 알려지지 않았기에 유통기한 내에 판매되는 것이 쉽지 않았지만, 소화가 잘되어 먹기 좋다는 평이 소문나기 시작했다. 어린 자녀를 먹이기 위해, 혹은 부모님 선물로 구매하시는 분들이 점점 늘어났다.

시골쌀라면은 현재 큰 인기를 얻고 있다. 2022년에는 시골쌀라면을 만드는 데 20톤 이상의 강화섬 쌀을 소비했으며, 2021년에는 인도, 2022년에는 영국과 미국에 수출하고 있다. 친환경 유기농 제품을 선호하는 한국의 소비자분들만 아니라 외국인들에게도 인기를 얻고 있다.

미국으로 수출되어 판매되고 있는 시골쌀라면(인천로컬푸드생협 제공)

농가 소득 확대를 목적으로 개발된 시골쌀라면의 맛과 매력이 많은 사람들에게 알려져서 전 세계에서 사랑받는 라면으로 승승장구할 수 있기를 응원한다.

한국에는 현재 600여 종류의 라면들이 판매되고 있다. 이 중에서는 위에서 소개하지 못한 회사들의 라면들도 다양하다. 유기농 친환경 매장인 초록마을, 한살림, 자연드림 등에서도 수십여 종의 라면을 판매하고 있으며, 대형마트, 편의점, 각종 온라인몰 등에서도 자체 PB 라면을 개발해 판매하고 있다. 개별 라면의 이야기와 리뷰를 알고 싶은 분은 네이버 '라면 완전정복' 블로그와 '라면정복자피키' 유튜브를 참고해 주길 바란다.

- **라면 완전정복 블로그:** https://blog.naver.com/pikich89
- **라면정복자피키 유튜브:** https://youtube.com/@ramenpiki

특색을 가지고 도전하는 다양한 라면들의 모습

4부

전 세계 다양한 나라의 라면 이야기

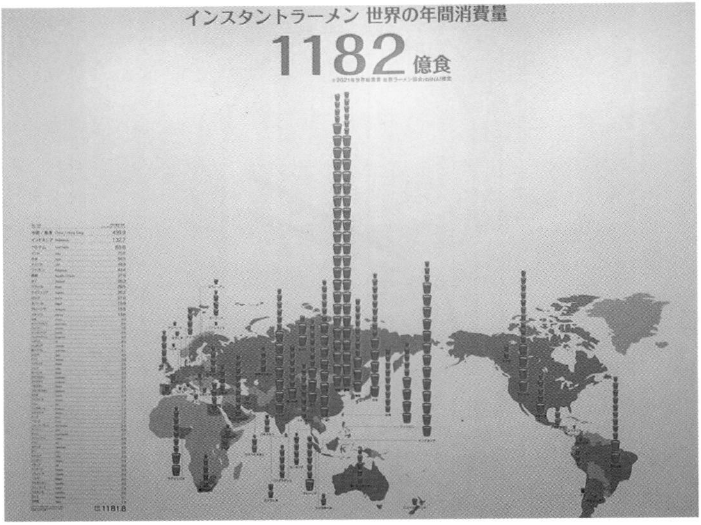

2021년 기준 세계 라면 소비량을 나타낸 그림(오사카 컵라면 박물관)

1958년, 일본에서 처음 시작된 인스턴트 라면은 바다를 건너 한국으로 넘어왔고, 전 세계로 퍼져나갔다. 이제 라면은 전 세계 사람들이 즐기는 음식으로 자리 잡았으며, 2023년 기준 1202억 개의 라면이 소비되었다고 한다.

이번 코너에서는 라면을 즐겨 먹는 나라들의 라면 이야기와 특징, 인기 라면과 시장 상황 등을 간단히 소개하고자 한다. 필자가 여러 나라를 방문해, 라면을 구입해 맛보고 경험했던 내용과 세계라면협회(https://instantnoodles.org), 대한무역투자진흥공사 등 다양한 자료를 참고해 세계 라면 이야기를 풀어본다. 이번 코너에서 언급한 다양한 통계 자료는 2022~2023년 기준 자료를 기준으로 함을 밝힌다.

01

세계 최대, 압도적 규모의 라면 시장 '중국'

인구 14억 명이 넘는 중국은 세계에서 가장 많은 종류의 라면이 팔리고 있고, 2023년 기준 연간 422억 개의 라면이 판매되는 세계 최대의 라면 시장이다.

중국 현지에서 팔리고 있는 다양한 라면들

중국에서 라면은 저렴하면서도 간편하게 한 끼 식사할 수 있다는 장점으로 서민들에게 큰 인기를 얻고 있는데, 소고기 베이스 국물에 중국의 오향(五香)[1]을 넣은 맛의 라면이 인기가 좋다. 또한 최근 한국인에게도 익숙해진 얼얼하게 매운 마라(麻辣) 맛, 시큼하고 매콤한 쏸라(酸辣) 맛, 고소하고 맛있는 탄탄면 맛, 한국식 매운맛 등 쉽게 상상할 수 없는 다양한 맛의 라면들이 판매되고 있다. 중국 라면 시장에서 두각을 나타내는 기업으로는 캉스푸(康师傅), 퉁이(统一), 진마이랑(今麦郎), 바이상(白象), 농심, 닛신식품, 삼양 등이 있다.

중국 라면 시장 1위이자 세계 라면 시장 1위 기업인 캉스푸(康师傅)는 대만계 기업인데, 대표 라면 '홍샤오우육면(红烧牛肉面)'은 한국의 농심 신라면과 같은 위치에 있는 중국 대표 라면이다. 간장이나 설탕을 넣고 조리해 만드는 홍샤오(红烧)라는 중국의 전통 조리법을 활용해 만든 라면으로, 중국 향신료 풍미가 느껴지는 소고기 베이스의 맛있는 라면이다.

중국 라면 시장 2위를 차지하는 퉁이(统一) 또한 대만계 기업으로 절임 배추가 들어간 라오탄쏸차이우육면(老坛酸菜牛肉面)을 비롯해 프리미엄 브랜드 탕다런(汤达人)으로 큰 인기를 얻었으며, 큼직한 소고기로 한국인에게도 인기가 좋은 대만 라면 만한대찬(满漢大餐) 라면을 만든 기업이다.

---

1 팔각, 회향, 계피, 정향, 고추 등을 뜻함. 오향의 조합에는 다양한 변형이 있음.

중국인들에게 큰 사랑을 받는 캉스푸 홍샤오우육면
최근 한국의 대형마트에서도 쉽게 구입할 수 있다.

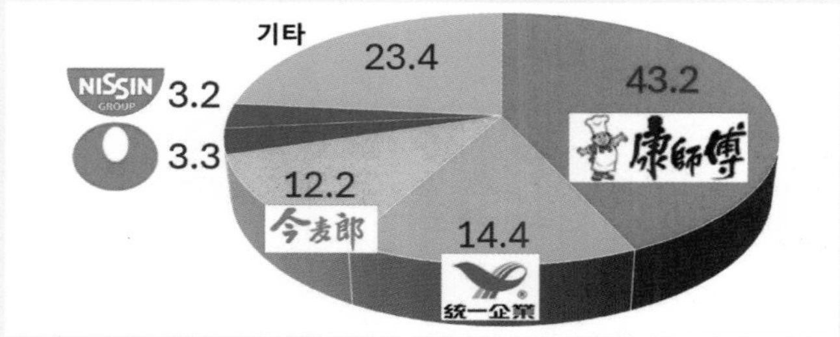

중국 인스턴트 라면 시장 점유율(2020년)

1위 캉스푸(康师傅) 43.2%

2위 퉁이(统一) 14.4%

3위 진마이랑(今麦郎) 12.2%

중국 내에서 한국 라면의 인기 또한 엄청나다. 중국에서 수입하는 라면의 65% 이상이 한국 라면이다. 중국 내 라면 돌풍을 주도하는 것은 삼양식품인데, 불닭볶음면을 필두로 라면 수출에서 놀라운 성과를 이루고 있다. 2023년 중국 누적 수출액이 12억 위안

(약 2250억 원)에 달했고, 수출액이 꾸준히 증가하고 있다. 그 외에도 오뚜기, 팔도 등이 중국 시장에서 활약하고 있다. 반면 농심은 중국에서 생산 기지를 구축했다. 연간 2억 개 이상의 라면 생산능력을 보유한 상해농심(上海農心)과, 연간 4억 개 이상의 라면, 스낵 생산능력을 갖춘 심양농심(沈阳農心)을 통해 농심의 대표 라면 신라면(辛拉面)을 필두로 안성탕면을 현지화한 돌솥쇠고기라면(石锅牛肉拉面), 너구리를 현지화한 우동면(乌龙面), 맑은 국물의 상해탕면(上海汤面)등으로 중국인의 입맛을 사로잡고 있다.

중국 현지에서 판매되고 있는 중국 농심 라면들

중국 현지에서 팔리고 있는 한국 라면들

중국 시장에서 한국 라면의 인기가 높다 보니, 한국 라면을 카피한 라면이 범람하고 있다. 특히 제품명과 디자인까지 그대로 옮긴 제품이 출시되기도 해, 한국인의 눈살을 찌푸리게 하는 일도 발생했다. 삼양식품 불닭볶음면을 카피한 라면이 문제가 되었는데, 삼양식품은 중국 법원에 상표권 침해 소송을 제기해 승소하기도 했다. 시간이 지나면서 점차 대놓고 모방한 제품은 사라지고 있지만, 여전히 중국 내에서 한국 라면을 모방한 라면을 쉽게 찾아볼 수 있다.

얼핏 보면 한국 라면 같지만 모두 한국의 라면을 카피한 중국 라면이다.

반대로 한국 시장을 살펴보면, 최근 중국 라면들이 점점 소비자들의 입맛을 사로잡아 가고 있다. 최근 국내 대형마트와 편의점을 중심으로 중국 라면들을 쉽게 구할 수 있다. 홈플러스 세계라면 코너에서는 캉스푸와 진마이랑의 홍샤오우육면과 향라우육면을 포함한 다양한 중국 라면을 구할 수 있는 것은 물론, 대형마트와 편의점을 중심으로 최근 한국 사람들에게 인기가 좋은 마라탕을 컨셉으로 한 마라탕 라면을 쉽게 구입할 수 있다. 중국 마라탕 라면들은 얼얼한 마라탕을 좋아하는 젊은 소비자들에게 큰 인기를 얻고 있다.

대형마트 홈플러스 해외라면 코너에서 팔리고 있는 중국 라면들

중국 라면들의 국내 시장 진출이 활발한데,
특히 중국 마라탕 라면의 인기가 높다.

또한 중국의 라면 기업에서 OEM 라면을 제조한 것도 주목할 만하다. 국내 마라탕 프랜차이즈 '소림마라'는 중국 라면 제조 기업 진마이랑과 손잡고 마라탕 라면 '소림마라면'을 출시했다. 처음 소림마라면은 중소업체 두런에서 위탁 생산했으나, 이후 팔도에서 제조했고, 더 나아가 중국 기업인 진마이랑에서 만들어졌다. 마라탕 라면 제조에서 중국 업체들이 경쟁력이 있는 것은 사실이지만, 한국 업체에서 원하는 라면을 중국 업체에서 위탁 생산할 수 있게 되었다는 사실은 놀라움을 불러일으킨다.

두런 제조 → 팔도 제조 → 진마이랑 제조

일본 라면이 국민 라면이 된 홍콩

홍콩은 세계 각국 브랜드가 진출해 있는 라면 시장으로 일본 닛신식품의 Demae(出前一丁), 홍콩의 SaoTao(壽桃牌), Doll(公仔), 농심, 삼양, 오뚜기 등 다양한 기업들이 사업을 펼치고 있다. 그중 홍콩 사람들에게 가장 사랑받는 라면은 독특하게도 일본 닛신식품에서 1968년 출시한 데마에잇쵸(出前一丁)다. 간장맛 스프에 참깨기름을 더해 만들어진 데마에잇쵸는 일본에서도 인기가 좋지만, 홍콩에서 국민 라면 지위에 오른 특별한 라면이다. 처음 닛신식품에서는 일본에서 데마에잇쵸 라면을 생산해 홍콩에 수출했으나, 홍콩에서 데마에잇쵸의 인기가 높아지자, 과감히 홍콩 현지 생산을 시작했고, 홍콩 현지 사람들의 입맛을 반영한 다양한 맛의 데마에잇쵸 라면을 출시해 홍콩 사람들의 입맛을 사로잡았다. 닛신식품 데마에잇쵸는 홍콩 현지화에 완벽히 성공해, 지금은 홍콩에서 가장 인기가 좋은 라면이 되었다.

또한 홍콩 사람들은 한국 라면도 좋아하는데, 특히 오뚜기 보들보들 치즈라면의 인기가 좋다. 2010년 한국에 출시된 보들보들 치즈라면은 매콤한 국물에 치즈를 뿌려 먹는 맛을 구현한 제품으로, 출시 초기 공격적인 마케팅과 함께 인기를 끌었으나, 소비자들 사이에서 호불호가 갈렸고, 국내 시장에서 결국 단종되었다. 그러나 해외에서는 꾸준한 반응을 얻어 수출이 계속되었다. 특히 매운 라면을 선호하지 않는 홍콩 사람들의 입맛을 사로잡아, 홍콩 매체 설문조사에서 선호하는 라면 1위에 오르기도 했으며, 홍콩을 포함한 60여 개국 이상으로 수출되는 오뚜기의 효자 수출 라면이 되었다. 홍콩에 간다면 데마에잇쵸와 보들보들 치즈라면을 구입해 맛보기를 권한다.

홍콩 인기 라면 데마에잇쵸와 보들보들 치즈라면

북한 라면으로 오해받는 연변 라면

연변 조선족 자치구에 있는 라면 제조 기업 션리엔의 대표 라면

한글로 적혀 있는 패키지, 조악한 맛 덕분에 북한 라면으로 오해받는 중국 라면이 있다. 1992년에 설립된 중국 길림성 연변 조선족 자치구 왕청현(汪清县)의 식품 기업 션리엔(申联)의 라면이다. 션리엔은 라면, 조미료, 소스 등을 생산하는 기업으로, 조선족 자치구에 소재한 기업답게 패키지에 제품명이 중국어와 한글이 병용되어 있으며, 한국 느낌이 물씬 느껴지는 라면을 개발해 판매하고 있다. 또한 개고기(狗肉)를 이용하여 만든 '향고기라면'[2]으로 논란이 되었던 기업이다.

션리엔은 향고기라면 외에 도라지라면, 명태라면, 소고기라면 등 조선족들과 한국 사람들의 입맛에 잘 맞는 독특한 라면을 판매하고 있다. 필자는 션리엔의 라면들을 모두 먹어보고 소개했는데, 전체적으로 한국 라면에 비해 맛도 품질도 부족했다. 그래

2 이전에는 '개고기라면'이라는 이름으로 판매하였으나, 논란이 되자 '향고기라면'으로 이름을 바꿨다.

도 션리엔 라면 중 가장 맛있었던 라면을 꼽자면 아이러니하게도 향고기라면이었는데, 보신탕 풍미가 느껴지는 국물은 다른 어떤 라면에서도 맛볼 수 없는 독특한 맛이었다.

언젠가 북한 라면으로 오해받는 션리엔 라면을, 진짜 북한에서 생산된 라면과 비교해 맛보면서 소개할 수 있는 날이 오기를 기원한다.

션리엔의 대표라면은 개고기(狗肉)로 만든 향고기라면이다.

02

만한대찬의 고향 우육라면으로 유명한 '대만'

중국과 비슷하면서도 다른 대만의 라면 시장은 통이(统一), 웨이단(味丹企業), 웨이리(維力食品)에서 생산한 라면들이 인기가 좋다. 과거 대만에서는 라면 선택 시 저렴한 가격이 매우 중요했으나, 대만을 뒤흔든 공업용 전분, 저질 식용유 사건 후 고품질의 라면을 원하는 소비자들의 요구가 늘어났고, 현재 다양한 가격대의 라면들이 출시되어 대중에게 인기를 얻고 있다.

특히 한국 사람들에게는 대만 여행에서 꼭 먹어봐야 할 필수 음식으로 알려진 통이(统一) 만한대찬(滿漢大餐) 라면이 유명하다. 만한대찬(滿漢大餐)의 이름은 중국 청나라의 호화로운 궁중 연회식 만한전석(滿漢全席)으로부터 유래했는데, 청나라 황제가 100가지가 넘는 음식을 며칠에 걸쳐 먹었던 호화로운 연회 만한전석의 느낌을 라면에 담아 만한대찬이라고 이름 지었고, 레토르트 방식으로 소고기를 푸짐하게 넣어 고급스러운 느낌을 제대로 살렸다.

만한대찬 라면에는 소고기가 푸짐하게 담겨있다.

만한대찬 라면이 한국 소비자들 사이에서 큰 인기를 얻자, 현재는 정식 수입되어 국내에 판매되고 있다. 덕분에 온라인은 물론, 편의점과 대형마트에서 쉽게 구입할 수 있다. 국내에서 구입할 수 있는 제품은 진미우육면, 홍샤오우육면, 마라궈우육면 세 가지 제품인데, 모두 구수하고 진한 고기 맛을 바탕으로 대만 현지 우육면의 느낌과 풍미를 잘 살렸다. 또한 모두 맵지 않아 매운 걸 못 먹는 사람들이 먹기에도 부담이 없다. 다만 우육면에서 느껴지는 중국 향신료 풍미도 잘 살렸기에, 중국 향신료 풍미가 부담스러운 사람은 조심해야 한다.

한국에서 간편하게 구할 수 있는 고급스러운 만한대찬 라면을 통해 구수하고 진한 대만 우육면의 풍미를 느껴보는 것은 어떨까? 고급스럽고 맛있는 대만 라면으로 추천한다.

국내에서 공식 수입되어 판매되고 있는 만한대찬 라면
(좌) 진미우육면 (중) 홍샤오우육면 (우) 마라우육면

대만 현지에서 팔리고 있는 라면들

03

인스턴트 라면의 발상지, 라멘의 고장 '일본'

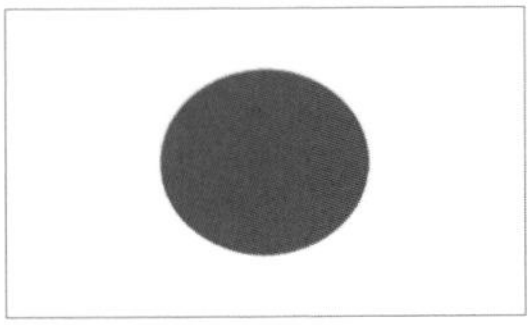

세계 최초의 인스턴트 라면 '치킨 라멘(チキンラーメン)'과 세계 최초의 컵라면 '컵누들(カップヌードル)'을 발명한 인스턴트 라면의 고장 일본은 연간 58억 개의 라면이 소비되는 세계 5위의 라면 시장이다. 일본 사람들은 돼지 뼈, 닭고기, 생선에 간장을 더해 국물 맛을 낸 라면을 선호하며, 한국과 달리 맵지 않은 순한 라면이 인기가 좋다.

일본의 인스턴트 라면은 일본의 요리 '라멘(ラーメン)'으로부터 기원했기에 라멘을 인스턴트 라면으로 구현한 제품들이 많다. 돈코츠라면, 쇼유라면, 미소라면, 시오라면, 와카메라면, 우동라면, 야끼소바라면 등 다양한 종류의 라면이 판매되고 있으며, 유명 라멘 맛집과 협업하여 만든 라면 제품이 다양하게 출시되어 인기를 얻고 있다.

일본 현지에서 인기 좋은 라면들

일본은 닛신식품(日清食品), 산요식품(サンヨー食品), 토요수산(東洋水産), 묘조식품(明星食品), 에이스쿡(エースコック) 등에서 라면을 제조하고 있으며, 봉지면의 경우 산요식품의 삿포로이치방(サッポロ一番) 라면, 용기면의 경우는 닛신식품의 컵누들(カップヌードル)이 가장 인기가 좋다.

일본은 맛집과 협업해 만들어진 컵라면들이 많다.

일본인에게 인기가 좋은 라면 순위
(2023년 매출액 기준, 출처 : 닛케이 트렌드)

봉지라면

1위 산요식품 삿포로이치방 시오라멘(サンヨー食品 塩らーめん, 1971년 출시)

2위 산요식품 삿포로이치방 미소라멘(サンヨー食品 みそラーメン, 1968년 출시)

3위 닛신식품 치킨라멘(日清食品 チキンラーメン, 1958년 출시)

4위 하우스식품 우마카짱(ハウス食品 うまかっちゃん, 1979년 출시)

※ 20대 연령 한정 봉지라면 매출 1위는 농심 신라면(辛ラーメン)이다. 일본의 봉지라면 매출 순위를 살펴보면, 일본 젊은 층에서 한국 라면의 인기를 엿볼 수 있다.

컵라면

1위 닛신식품 컵누들(日清食品 カップヌードル, 1971년 출시)

2위 토요수산 아카이키츠네(東洋水産 赤いきつね, 1978년 출시)

3위 닛신식품 돈베이(日清食品 どん兵衛, 1976년 출시)

4위 토요수산 고츠모리 야키소바(東洋水産 ごつ盛り 焼そば, 2009년 출시)

일본은 한국과 달리 초미니 컵라면부터 대형 컵라면까지 다양한 크기의 컵라면이 판매되고 있으며, 컵라면의 경우 대체로 한국 컵라면에 비해 건더기가 푸짐하며, 일부 제품은 입이 벌어질 정도로 건더기가 많다. 그래서 일본에 컵라면을 수출하는 국내 회사들은 일본 컵라면과의 경쟁을 위해 수출 제품에 건더기를 더 넣어 수출하기도 하는데, 이러한 현지 전략 때문에 내수용 컵라면과 수출용 컵라면의 건더기 차이가 생겨 국내 소비자들 사이에서 역차별 논란이 생기기도 한다.

봉지면의 경우에는 한국 라면(120g 내외)보다 양이 조금 적은 편(100g 내외)이며, 봉지면 속에 건더기가 전혀 없이 면과 분말스프만 들어있는 경우가 많다. 그래서 아무런 부재료 없이 라면을 끓이면 면과 국물뿐이라 허전하게 느껴지는 제품도 많다. 이런 봉지면의 특징 때문인지 봉지면이 더 잘 팔리는 한국과 달리 일본은 컵라면이 더 잘 팔린다.[3]

일본 컵라면들 중에는 고명이 푸짐한 제품들이 많다.

과거에는 한국의 기업들이 일본으로부터 라면 제조 기술을 도

3 일본 즉석식품공업협회의 조사에 따르면 2022년 기준 일본의 봉지면은 20억 22만 개, 컵라면은 39억 9천만 개가 팔렸다.

입해 국내 라면 시장에 진출한 경우가 많았기에, 한국의 기업들은 일본에 이미 출시된 라면과 비슷한 느낌의 제품을 종종 출시했다. 그러나 최근 한국의 라면이 전 세계 사람들에게 인기를 얻자, 일본 기업들은 한국의 라면을 모방한 매운맛 한국풍 라면을 다양하게 출시하고 있어 화제가 되기도 했다. 그리고 일본 라면 시장에서 편의점과 마트를 중심으로 한국 라면을 모아놓은 K라면 특별 코너가 종종 보인다는 사실은 매우 놀랍다.

세계 라면 시장에서 한국 라면과 엄청난 경쟁을 벌이고 있는 일본 라면. 인스턴트 라면의 고장 일본에는 셀 수 없을 정도로 다양한 라면이 판매되고 있으니, 일본을 방문한다면 다양한 라면을 구경하고 구입해 보길 바란다.

04

전 세계 라면 회사들이 앞다투어 진출하는 '미국'

국내 총생산(GDP) 1위, 인구 세계 3위의 경제 대국 미국은 세계 6위의 라면 시장이다. 과거에는 미국 시장의 라면 주 소비층은 아시아계 사람들이었으며, 주로 학생과 직장인들이 라면을 구매했다. 하지만 최근 젊은 층을 중심으로 라면의 인기가 크게 증가해 대중적인 사랑을 받고 있다.

미국 사람들은 닭고기 베이스의 순한 라면을 선호하며, 그 외에 새우, 야채, 소고기 맛 라면들을 즐겨 먹었으나, 최근 매운 라면의 인기가 높아지고 있다. 라면을 끓여 먹는 것에 익숙하지 않은 미국인들은 간편하게 먹을 수 있는 컵라면을 선호한다.

미국 라면 시장에서는 마루짱(Maruchan) 브랜드로 유명한 일본계 기업인 토요수산이 점유율 48%로 가장 많은 인기를 얻고 있으며, 2위는 한국의 농심(26%), 3위는 일본의 닛신식품(17%)

이 차지하고 있다.[4] 특히 농심은 현지에 라면을 생산할 수 있는 2개의 공장을 가동 중이며, 대대적인 투자를 통해 미국 라면 업계 1위 토요수산과의 격차를 좁히고 있고, 수년 내 미국 라면 시장 1위 등극을 목표하고 있다. 월마트 등 미국 내 대형 거래처를 중심으로 신라면의 보급이 빠르게 늘고 있으며, 작은 마트에서도 농심 라면들을 구하기 쉬운 편이다. 또한 삼양은 미국 판매법인 '삼양 아메리카'를 통해 매운 볶음면인 불닭볶음면을 필두로 라면 시장을 공략하고 있는데, 특히 미국에서의 '까르보 불닭볶음면'의 인기가 상당하다. 미국의 유명 래퍼 카디비(Cardi B)가 30분간 운전해서 까르보 불닭볶음면을 구한 후 맛본 영상이 조회수 3800만 회를 돌파하는가 하면, 아달린 소피아(Adalynn Sofia)라는 소녀가 까르보 불닭볶음면을 생일 선물로 받고 감격하는 틱톡 영상의 조회수가 6000만 회를 넘어서며 SNS에서 엄청난 화제가 되었다. 미국 소비자들 사이에서 불닭볶음면의 인기는 나날이 높아지고 있다.

미국에서 K-푸드의 인기가 높아짐에 따라 한국 라면의 위상은 더욱 높아지고 있다. 미국에 방문한다면, 마트와 편의점에서 당당히 진열되어 있는 한국 라면들을 살펴보고 구입해 먹어 보길 권한다.

---

4 미국 라면 시장 업체별 점유율 추이(2023 기준, 유로모니터)

미국 현지에서 팔리는 다양한 라면들

미국에서 판매되고 있는 한국 회사들의 라면

05

미고랭 라면으로 유명한 '인도네시아'

2억 7900만 명이 거주하고 있는 세계 인구 4위의 대국 인도네시아는 연간 145억 개의 라면을 소비하는 세계 2위 라면 시장이다. 인도네시아 사람들은 라면을 대용식으로 즐기며, 국물 라면을 선호하는 한국과 달리 볶음면의 인기가 좋다. 특히 인도네시아의 전통음식 볶음국수 미고랭(Mi Goreng)을 제품화한 인도미 미고랭 라면을 가장 즐겨 먹으며, 닭과 해산물을 활용한 다양한 맛의 볶음면이 판매되고 있다. 또한 인도네시아는 인구 대부분이 이슬람을 믿고 있어, 돼지고기를 먹지 않는데, 이 때문에 이슬람 율법에 따라 제조된 할랄[5] 인증 라면이 주로 팔린다.

인도네시아 라면 시장에서는 인도미 미고랭(Indomie Migoreng) 라면을 파는 인도푸드(Indofood)가 70%가 넘는 압도적 점유율로

5 할랄 : 이슬람 율법에 의해 무슬림이 먹고 쓸 수 있도록 허용된 제품을 총칭.

시장을 장악하고 있으며, 미스답(Mie Sedaap) 라면을 판매하는 윙스푸드(Wingsfood), Jakarana Tama, ABC 등의 회사에서 라면을 만들고 있다.

인도네시아 대표 라면 브랜드 '인도미'

또한 인도네시아 사람들은 매운 음식을 좋아하고 잘 먹는데, 삼양식품의 불닭볶음면은 기존의 매운맛 라면들과 차원이 다른 매운맛으로 인도네시아 사람들의 입맛을 사로잡았다. 그럼에도 인도네시아 현지 라면에 비해 한국 라면의 가격이 너무 비싸기 때문에 인도네시아 사람들이 선뜻 구입하기 어렵다.

한국 라면의 인기는 좋지만, 비싼 가격 때문에 구입하지 못하는 상황 속에서 인도네시아 라면 기업들은 한국 라면을 모방한 라면들을 만들어 판매하는 전략을 구사하고 있다. 인도네시아 라면 시장 2위 기업인 윙스푸드의 미스답 브랜드에서는 불닭볶음면과 비슷한 느낌의 매운 닭갈비맛(Korean Spicy Chicken), 치즈불닭(Korean Chees Buldak Spicy Chicken) 등을 판매하고 있으며, 슈퍼주니어 최시원 씨를 미스답 라면 광고 모델로 기용해 라면을 홍보하고 있는 것도 인상적이다.

인도네시아 윙스푸드 미스답에서 판매하는 한국식 라면
(출처 : 미스답 라면 광고)

또한 Jakarana Tama 기업에서는 한국 라면의 맛과 포장 방식을 비슷하게 한 아리랑(Arirang) 라면을 판매하고 있다. 인도네시아 라면임에도 제품 패키지에 한국어를 사용해 한국에서 수입된 라면 같은 느낌을 준다. 인삼 닭고기국, 매운 김칫국, 매운 비빔면 등 다양한 맛의 제품이 인도네시아 시장에서 판매되고 있다.

인도네시아 대표 라면 '인도푸드 인도미 미고랭' 이야기

인도네시아 대표 라면 '인도미 미고랭'

전 세계 사람들에게 사랑받는 미고랭 라면은 인도네시아의 대표 라면이다. 인도미 미고랭 라면을 만드는 인도푸드는 연간 190

억 개 이상의 라면을 생산하고 있으며 100여 개국으로 수출하고 있는 세계 라면 시장 점유율 3위의 기업인데, 인도네시아 시장에서도 압도적인 점유율로 사랑받고 있다.

인도미를 판매하는 인도푸드는 인도네시아의 대표 그룹인 살림 그룹 소속이다. 인도미는 1972년 닭고기 맛 라면을 처음 출시했고, 1982년 인도네시아 전통 볶음국수 요리인 미고랭에서 영감을 받아 미고랭 볶음면을 출시했는데, 출시 후 큰 인기를 끌어 인도네시아의 대표 라면이 되었다. 이후 인도푸드는 해외 시장을 적극 공략했는데, 라면이라는 음식이 생소했던 아프리카의 경제 대국 나이지리아에 진출해 큰 성공을 거두기도 했으며, 아프리카와 중동에서 큰 인기를 얻었다. 이후 인도미 미고랭은 아시아, 유럽, 북미, 남미 등 전 세계 100여 개국 이상에 수출해 전 세계 사람들에게 큰 인기를 얻었고, 현재 인도네시아의 대표 수출 상품으로 자리 잡았다.

인도미 미고랭의 글로벌 인기는 대단한데, 미국 요리 전문매체 본아페티(Bon Appétit)가 선정한 세계에서 가장 맛있는 라면 1위에 뽑히기도 했으며, 많은 한국인들이 유학 생활 중 기숙사에서 가장 맛있게 먹은 라면으로 꼽기도 한다.

국내에서 활발하게 판매되고 있는 인도미 미고랭 라면

그 때문인지 인도미 미고랭 라면의 인기가 한국에서도 점점 높아지고 있다. 편의점과 대형마트에서 쉽게 구할 수 있고, 수입 라면임에도 5개 2500원 내외로 가격이 저렴한 편이다. 필자 또한 미고랭 볶음면을 여러 번 먹어보고 소개했는데, 고소한 맛과 미고랭 특유의 감칠맛이 정말 일품이었고 필자의 입맛에도 잘 맞았다. 느끼할 것 같지만 특유의 향신료가 느끼함을 잡아 맛있었다. 한 가지 아쉬움이 있다면 인도네시아의 라면 문화에서 비롯한 적은 양인데, 한국 라면을 먹듯 한 끼 식사를 대신하고자 한다면 2개를 한 번에 먹기를 권한다. 한국 사람이라면 미고랭 볶음면을 2개는 먹어야 푸짐하다고 느껴질 것이다.

전 세계 사람들이 인정하고 애정하는 인도미 미고랭 라면을 아직 먹어보지 못했다면, 꼭 한번 먹어보기를 추천한다.

06

1인당 라면 소비량 1위의 신흥 라면 강국 '베트남'

2021년부터 1인당 라면 소비량 1위에 등극해, 기존 1위였던 한국을 제치고 라면을 가장 즐겨 먹는 나라가 된 베트남의 라면 사랑은 어마어마하다.[6] 베트남의 빠른 경제 발전과 더불어 베트남의 라면 시장은 매년 급속도로 커지고 있다.

베트남 사람들은 끓이지 않고 뜨거운 물을 부어 익혀 먹는 방식을 선호해 얇은 면이 특징이며, 아침 대용이나 간식, 야식으로 라면을 즐기기 때문에 베트남 라면의 중량은 65~85g 정도로 한 끼 식사를 목표로 만들어진 한국 라면(중량 120g 내외)에 비해 적다.

새우 맛과 신맛이 섞인 매콤 새콤한 맛의 라면이 인기가 좋으며, 고수 같은 향신료가 들어간 제품도 있다. 베트남 사람들은 라

6 1인당 라면 소비량(2023년 기준) 1위 베트남 81개, 2위 대한민국 78개, 3위 태국 56개

면에 양파, 레몬, 고추 등을 추가해 즐기기도 하며, 베트남에서는 밀가루로 만든 일반적인 라면 외에 쌀로 만든 쌀국수 컨셉의 제품도 인기가 좋다.

베트남 인기라면 하오하오 미톰새우

국내로 수입되고 있는 다양한 베트남 라면들

베트남과 일본 합작 투자기업 베트남 에이스쿡(VINA Acecook)의 하오하오(Hảo Hảo), 마산그룹(Masan Group)의 코코미(Kokomi)와 오마치(Omachi), 유니벤(Uniben)의 바미엔(3 Mien) 제품이 인기가 좋다.

베트남에서 가장 인기가 좋은 제품은 일본 라면 제조 기업 에

이스쿡이 투자해 만들어진 베트남 에이스쿡의 대표라면 하오하오(Hảo Hảo)다. 베트남어로 Hảo는 "좋아하다(好)"는 뜻인데, "좋아하고 좋아한다"는 의미를 담은 직관적인 상품명과 베트남 사람들이 좋아하는 맛으로 출시되어 베트남 국민 라면으로 자리 잡았다. 현재 하오하오 브랜드의 라면은 매콤 새콤 새우 맛, 양파 맛, 닭고기 맛, 야채 버섯 맛 등 다양하게 판매되고 있는데, 한국 김치찌개 맛(Hảo Hảo Hương vị Lẩu Kim Chi Hàn Quốc)라면도 인기리에 판매되고 있다.

또한 베트남 시장에서 한국 라면의 인기는 매우 높다. 베트남으로 수입되는 라면 중 절반 이상이 한국 라면인데, 그럼에도 베트남 라면 대비 한국 라면의 비싼 가격 때문에 베트남 라면 시장에서 한국 라면의 점유율은 높지 않은 편이다. 하지만 빠르게 성장하는 베트남 라면 시장을 선점하기 위해 한국 라면 회사들은 베트남에 대대적인 투자를 하고 있다. 팔도는 베트남 법인을 설립하고, 공장을 설립해 베트남 현지 생산 라인을 구축했으며, 현지 라면 브랜드 '코레노(Koreno)' 런칭 후 베트남의 유재석이라고 불리는 쩐탄(Tran Thanh)을 코레노 라면 모델로 기용해 홍보하기도 했다. 또한 오뚜기는 2007년 현지 법인 설립 후, 2018년에 라면 공장을 세워 적은 양의 라면을 선호하는 베트남 사람들을 위해 기존 진라면(120g)보다 사이즈를 줄인 진라면 미니(80g) 제품을 출시해 시장을 공략 중이다.

베트남 라면들도 저렴한 가격을 장점으로 한국에 수입되고 있다. 베트남 대표 라면 하오하오는 물론, 베트남 쌀국수 컨셉의 오라이시 포보, 비폰 쌀국수 제품들을 홈플러스 등 대형마트에서 쉽게 구할 수 있다. 또한 GS25 편의점 등을 중심으로 베트남에서 제조한 쇼유라멘, 돈코츠향라멘, 매운돈코츠향라멘 등이 수입되고 있다.

07

마살라, 카레 베이스의 라면이 특색인 '인도'

14억 4171만 명의 인구로 중국을 제치고 세계 1위의 인구 대국이 된 인도는 연간 76억 개의 라면을 소비하는 세계 3위의 라면 시장이며, 급속한 경제 성장 속에서 라면 시장도 빠르게 성장하고 있다.

인도 라면 시장에서는 네슬레(Nestle)의 매기(Maggi) 브랜드가 가장 큰 인기를 얻고 있으며, 선피스트 이피(Sunfeast Yippee), 인도 닛신식품 탑 라멘(Top ramen), 캐피털 푸드 인디아의 칭스 시크릿(Ching's Secret) 등이 라면을 제조해 판매하고 있다.

인도의 라면은 인도 사람들의 입맛에 맞게 카레(마살라)를 이용한 라면들이 많이 출시되며 인기가 좋다. 또한 채식을 장려하는 힌두교의 영향으로 고기가 들어가지 않은 채식 라면의 수요가 높고, 야채와 토마토를 베이스로 한 라면이 인기가 좋다.

안에 4인분의 라면이 들어있는 길쭉한 형태의 인도 라면들
카레 맛이 느껴지는 것이 특징이다.

카레 풍미가 느껴지는 인도 라면

한국 라면 회사들도 나날이 성장하는 인도 라면 시장에 주목하고 있다. 특히 한류 열풍을 중심 속에서 한국 라면에 대한 인도 사람들의 관심이 더욱 커지고 있는데, 삼양식품의 불닭볶음면은 매운 음식을 즐기는 인도의 젊은 층의 입맛을 사로잡아 인도에

서 큰 인기를 얻고 있으며, 인도의 많은 식료품점에서 불닭볶음면을 구할 수 있다.

또한 농심은 힌두교도 비율이 높은 인도 시장을 공략하기 위해, 소고기가 아닌 닭고기 베이스의 신라면 치킨을 개발해 인도 시장에 수출하고 있다. 신라면 치킨은 기존 신라면보다 더 얼큰하며, 카레 향이 더해진 라면이다. 인도 출시 후 인기를 얻어, 현재 호주, 동남아, 러시아, 대만 등에 수출하고 있다.

인도 시장 공략을 위해 출시된 농심 신라면 치킨

반대로 인도 라면의 한국 수입은 거의 이루어지지 않아 한국의 일반적인 마트나 편의점에서 인도 라면을 구하는 것은 거의 불가능하다. 필자는 지인 덕분에 인도 라면을 여러 종류 맛볼 수 있었는데, 카레 풍미를 베이스로 한 라면 풍미가 독특했고 카레를 좋아하는 한국 사람이라면 맛있게 먹을 수 있을 것 같았다. 언젠가 인도 라면을 한국에서도 쉽게 구입해 맛볼 수 있는 날이 오기를 기원한다.

08

이색적인 칼라만시 볶음면으로 알려진 '필리핀'

인구 1억 1910만 명이 거주하고 있는 필리핀은 '메리엔다(Merienda)'라는 고유의 간식 문화가 있다. 세끼 식사 외에 가볍게 먹는 메리엔다 문화는 스페인이 필리핀을 식민 지배하는 과정에서 영향을 받아 생겼는데, 필리핀 사람들은 라면을 간식으로 즐기기도 한다.

필리핀 라면 시장에서는 필리핀 Lucky Me, Payless, Quickchow, 일본 닛신식품, 한국 농심, 삼양 등이 경쟁하고 있다.

필리핀에서 가장 유명한 라면은 Lucky Me 브랜드의 '판싯 칸톤(Pancit Canton)' 볶음면이다. 필리핀의 국수 요리 판싯을 라면으로 만든 제품으로, 한국인에게 친숙한 인도네시아의 인도미 미고랭 라면과 비슷한 풍미의 고소한 볶음면이다. 메리엔다 때 즐기는 만큼 한국 라면들에 비해 양이 적은 것이 특징이다. 또한 필리핀 사람들에게 친숙한 상큼한 과일 칼라만시의 맛이 더해진 판싯 칸톤 칼라만시 맛 제품이 현지인들에게 인기가 좋다. 새콤한 칼라만시 맛이 더해진 고소한 볶음면이다 보니 한국 사람들에게는 익숙하지 않은 어려운 맛이지만, 정말 독특하고 이색적이다.

필리핀 럭키미 판싯 칸톤 칼라만시

필리핀의 대표 라면 럭키미 판싯 칸톤 시리즈

또한 국내 업체들은 필리핀 사람들의 입맛을 사로잡기 위해 큰 노력을 기울이고 있다. 한국에서 가성비 제품을 판매하는 유통 체인점 노브랜드(NoBrand)는 필리핀 현지에서 매장을 열고 다양한 한국 라면을 판매하고 있으며, 농심과 삼양의 라면은 필리핀 현지 라면 대비 가격이 비싼 편임에도, 필리핀 사람들의 입맛을 사로잡아 가고 있다.

반대로 한국으로는 필리핀 라면이 공식 수입되지 않아, 국내에서 필리핀 라면을 구입하기는 쉽지 않다. 필리핀에 방문한다면 판싯 칸톤 볶음면과 함께 현지에서 팔리고 있는 다양한 한국 라면들을 구입해 맛보는 것은 어떨까?

한국 라면 수출 상위 10개국 수출액 현황
(2023 기준, 관세청 자료)

1위 중국 2억 1500만 달러
2위 미국 1억 2700만 달러
3위 네덜란드 6100만 달러
4위 일본 5800만 달러
5위 말레이시아 4500만 달러
6위 태국 3800만 달러
7위 영국 3800만 달러
8위 필리핀 3700만 달러
9위 호주 3600만 달러
10위 대만 3200만 달러

한국은 2023년 역대 최다인 132개국으로 약 20억 개의 라면을 수출했고, 9억 5200만 달러로 역대 최대 수출액을 달성했다.

09

똠얌꿍 풍미가 독특한 이색 별미 라면이 있는 '태국'

연간 1인당 56개의 라면을 소비하는 태국인들의 라면 사랑은 각별하다. 태국인이 즐겨 먹는 똠얌꿍(ต้มยำกุ้ง, Tom Yum Goong)[7] 풍미를 보여주는 라면들이 인기가 좋다. 특유의 새콤한 맛과 살짝 매콤한 맛을 보여주는데, 한국 사람들에게는 호불호가 확 갈릴 수 있는 이색적인 향과 맛이다. 하지만 태국 라면은 태국 음식들과 마찬가지로 중독성이 있어, 계속 맛보다 보면 특유의 매력에 빠져들게 된다.

태국 라면 시장에서 가장 큰 인기를 얻고 있는 라면 브랜드로는 마마(MAMA), 와이와이(WAIWAI), 얌얌(YUMYUM) 등이 있다. 마마 라면은 태국 라면 시장에서 50% 가까운 점유율로 태국 사람들에게 가장 큰 사랑을 받고 있으며, 대표 제품은 쉬림프 톰얌(Shrimp Tom yum)으로 태국 똠양꿍의 풍미를 잘 살렸다. 또한 태

7 새우에 향신료와 소스를 넣고 끓인 태국의 대표 요리

국 수입 라면 시장에서 한국 라면은 현지 라면에 비해 매우 비싸지만 프리미엄 라면으로 인기가 좋으며, 수입 라면 중 한국 라면의 점유율은 80%에 달할 정도로 압도적이다.

태국 라면의 진수를 느낄 수 있는 마마 쉬림프

농심은 태국 시장 공략을 위해 태국의 미슐랭 스타 셰프 쩨파이(JAYFAI)와 협업해 신라면 똠얌(TOMYUM), 신라면볶음면 똠얌(TOMYUM) 2종을 출시했다. 태국의 태표 요리인 똠얌의 맛을 신라면에 접목한 이색 제품으로, 농심 연구원이 쩨파이 레스토랑에 방문해 노하우를 전수받고, 한국에 돌아와 제품을 개발해 태국 시장에 출시한 제품이다. 필자 또한 먹어보았는데, 신라면 똠얌은 신라면의 얼큰한 맛에 태국 향신료 풍미가 절묘하게 조화된 이색 라면으로, 미식가를 위한 프리미엄 라면이라고 말할 수 있을 정도였고 국내에 출시되면 좋겠다는 생각이 들었다.

또한 태국 라면들은 저렴한 가격을 무기로 한국에 수입되고 있으며, 홈플러스를 비롯한 대형마트나 아시아 식료품점을 중심으로 꾸준히 판매되고 있다. 또한 편의점과 대형마트에서는 태국

태국 현지 셰프와 협업해 출시된 농심 신라면 똠얌

홈플러스 매장에서 판매되는 태국 라면들

제조 닛신식품 컵누들 제품을 쉽게 구할 수 있는데, 같은 닛신식품의 컵누들이지만, 태국에서 제조한 컵누들과 일본에서 제조한 컵누들은 맛과 구성이 다르기 때문에 주의해야 한다. 한국 라면 시장에서 서서히 입지를 넓혀 나가고 있는 태국 라면. 아직 태국 라면을 맛보지 못했다면 마트나 편의점에서 태국 라면을 구입해 먹어보는 것은 어떨까?

국내에 수입되고 있는 다양한 태국라면

태국 현지에서 팔리는 다양한 라면들

10

가깝지만 가장 먼 나라 '북한'의 라면

북한에서 처음 라면이 등장한 것은 1970년대 말 평양의 '애국 국수 공장'이다. 당시 면발이 일반 국수와 달리 꼬불꼬불해서, 꼬부랑 국수라고 불렀고, 초창기 꼬부랑 국수는 지금의 라면과 달리 스프가 들어있지 않았고, 양념과 간을 따로 해서 국수처럼 끓여 먹는 음식이었다.

지금의 인스턴트 라면의 모습을 띤 제품은 2000년 10월 홍콩의 자본 유치를 통해 평양시 대동강변에 북한 최초의 라면 공장인 '대동강즉석국수' 공장이 세워지며 등장했다. 북한에서는 라면을 바로 만들어 먹을 수 있다는 의미로 '즉석국수'라고 부른다.

2000년대 이후 한국과 중국의 라면들이 중국과 개성공단을 통해 북한으로 유입되며 평양에서만 볼 수 있었던 라면이 전국의 장마당에서도 볼 수 있게 되었고, 특히 북한 사람들에게 한국 라면은 엄청난 인기를 끌었다. 북한 정권은 한국 라면에 열광하는 북한 사람들을 위해 자국의 공장에서 소고기맛, 김치맛, 토장맛 등 다양한 맛의 즉석국수를 생산하도록 독려했다. 현재 북한에서는 대동강식즉석국수공장, 경흥은하수식품공장, 묘향무역총회사식품공장, 대성천종합식료공장, 금강산무역회사, 라선령선종합가공공장 등 다양한 곳에서 즉석국수를 생산하고 있다. 하지만 여전히 북한 사람들은 중국과 한국의 라면들을 선호한다. 그래서 아이러니하게도 북한의 즉석국수는 한국의 라면을 모방해 만들어지고 있다. 삼양의 불닭볶음면 디자인과 캐릭터까지 그대로 따라 한 경흥은하수식품공장의 '매운 닭고기맛 볶음국수'부터, 농심 신라면 제품과 비슷한 라선령선종합가공공장의 '소고기맛 즉석국수'까지 한국 라면을 모방한 제품들이 생산되고 있다니, 북한 즉석국수에서도 한국 라면의 위상을 엿볼 수 있다.

북한의 라면, 즉석국수라고 불린다(대한민국 라면박람회)

필자는 북한 라면의 모습을 2018 대한민국 라면 박람회에서 구경할 수 있었다. 그리고 북한 라면을 구입하기 위해 중국 현지 방문 과정에서 여러 노력을 기울였고, 인터넷 등을 통해 구하려 노력했지만 결국 구할 수 없었다. 라면을 구하는 과정에서도 역시 북한은 가장 가깝고도 먼 나라였다. 언젠가 북한 라면을 구해 먹어보고 소개해 볼 수 있는 날이 오기를 기원한다.

국가별 라면 소비량 통계 Top 20(2024년 6월 기준)

순위	국가	2018	2019	2020	2021	2022	2023
1	중국	403	416	464	440	451	422
2	인도네시아	125	125	126	133	143	145
3	인도	61	67	67	76	76	87
4	베트남	52	54	70	86	85	81
5	일본	58	56	60	59	60	58
6	미국	45	46	51	50	52	81
7	필리핀	40	39	45	44	43	44
8	대한민국	38	39	41	38	40	40
9	태국	35	36	37	36	39	40
10	나이지리아	18	19	25	26	28	30
11	브라질	24	24	27	29	28	26
12	러시아	19	19	20	21	22	22
13	말레이시아	14	15	16	16	16	16
14	네팔	16	16	15	16	17	16
15	멕시코	11	12	12	14	15	16
16	이집트	2	3	4	4	5	11
17	대만	8	8	9	9	9	9
18	미얀마	6	6	7	8	8	8
19	남아프리카공화국	3	3	4	4	5	6
20	사우디아라비아	6	6	8	9	9	5
20위 국가 포함한 전 세계 라면 총 수요		1036	1064	1166	1182	1212	1202

(출처: 세계라면협회, 단위 억, 억 미만 반올림)

11

세계의 다양한 라면을 소개하는 사람들

위에서 소개한 다양한 나라의 라면들은 국내로 수입되어 쉽게 구할 수 있는 제품도 있지만, 국내에서 구하기 어려운 제품도 많다. 국내에서 구입이 어려운 제품은 직접 국가를 방문해 현지 마트와 편의점에서 구입해 소개하거나, 혹은 인터넷 해외 직구를 통해 구입해 라면 완전정복 블로그와 라면정복자피키 유튜브를 통해 꾸준히 소개했다.

하지만 세계 라면의 종류는 셀 수 없이 많고, 필자가 소개하지 못한 라면들도 여전히 많다. 위에서 소개하지 못한 다양한 나라에서 라면을 즐긴다. 나이지리아, 러시아, 네팔, 말레이시아, 멕시코, 호주 같은 나라뿐 아니라, 모리셔스, 우크라이나, 파키스탄과 같은 나라도 라면을 즐긴다. 마지막으로 세계의 다양한 라면들을 소개하고 있는 분들을 간단히 소개한다.

국내에서 가장 많은 해외 라면을 소개한 '라면세상' 님

수천여 종의 해외 라면을 맛보고 소개한 '라면세상' 님은 한국에서 가장 많은 종류의 해외 라면을 먹어보고 소개했다. 2024년 6월 기준 일본 라면 1435종, 중국 라면 256종을 포함해 베트남, 미국, 인도네시아, 태국, 필리핀, 홍콩 등의 라면을 소개했으며, 심지어 키르기스스탄, 이집트, 스페인, 사우디아라비아, 폴란드, 우크라이나 등 생소한 국가들의 라면들도 소개했다.

국내 라면이 아닌 오로지 외국 라면만을 소개하고 있으며, 바쁜 일상에서 시간을 내 세계 라면을 소개하다 보니 엄청난 자료가 모였다. 지금은 해외 라면 전문가라고 봐도 무방할 정도로 해외 라면에 박식하다. 그리고 지금도 꾸준히 새로운 해외 라면을 찾아 소개하고 있다. 다양한 해외 라면 리뷰와 세계 라면 이야기를 들어보고 싶은 분은 라면세상 님의 블로그에 방문해 보길 바란다.

- **세상의 모든 라면을 먹자 블로그:** https://blog.naver.com/allnoodles

전 세계의 다양한 라면을 맛보고 평점을 매겨 소개하는 '한스 리네쉬'

라면 평론가로 활동하는 라면 레이터(The ramen rater) 한스 리네쉬(Hans Lienesch)는 전 세계 라면들을 맛보고 소개하고 있다. 처음에는 개인적인 취미로 시작된 라면 리뷰였지만, 그의 리뷰는 전 세계 소비자들에게 영향을 주었고, 그의 인생을 바꾸었다.

한스 리네쉬는 매년 가장 맛있는 라면을 골라 소개한다. 세계 라면, 국가별 라면 순위를 소개하는데, 특히 한스 리네쉬가 맛본 한국 라면 Top 10에서 2024년 가장 맛있다고 평가한 라면은 1위 삼양 로제 불닭볶음면, 2위 오뚜기 진짬뽕, 3위 삼양라면 오리지널 제품이었다. 미국 라면 평론가의 세계 라면 리뷰와 한국 라면 리뷰를 보고 싶다면 그의 사이트를 방문해 보길 바란다.

- **라면레이터 공식 사이트:** https://www.theramenrater.com
- **라면레이터 공식 유튜브:** https://www.youtube.com/@ramenreview

미국의 라면 평론가 한스 리네쉬(출처 : 한스 리네쉬 유튜브)

한스 리네쉬가 선정한 세계 최고의 인스턴트 라면 Top 5(2024년)

1위 Prima Taste Singapore Wholegrain Laksa La Mian (싱가포르)

2위 Ilppudo Karaka Spicy Ramen(일본)

3위 A-Sha Meteor Noodles With Hot & Sour Sauce(대만)

4위 MyKuali Penang Black Curry Noodle(말레이시아)

5위 Mom's Dry Noodle Surfmama Goose Oil Zhajiang Noodle(대만)

한스 리네쉬가 선정한 한국 최고의 인스턴트 라면 Top 5(2024년)

1위 삼양 로제 불닭볶음면

2위 오뚜기 진짬뽕

3위 삼양라면 오리지널

4위 삼양 야키소바 불닭볶음면

5위 요뽀끼 치즈 라복이

5부

라면의 과거와 현재를 볼 수 있는 명소

01

라면의 기원도 배우고 재밌는 체험도 가능한 '오사카 컵라면 박물관'

1999년 11월, 안도는 오사카부 이케다(池田) 시에 '인스턴트 라면 발명 기념관(컵라면 박물관)'을 세웠다. 영어 명칭은 컵누들 뮤지엄(Cupnoodles Museum)으로, 일명 컵라면 박물관이라고 불리는 곳이다. 인스턴트 라면을 좋아하는 사람들이 라면이 어떻게 만들어지게 되었는지를 알아볼 수 있는 박물관인데, 일본인뿐 아니라 한국인과 전 세계 관광객에게 사랑받는 명소다. 필자 또한 오사카 컵라면 박물관을 여러 번 방문하여 안도 모모후쿠 회장의 이야기와 라면의 역사를 배우고, 라면과 관련한 재밌는 체험을 했다. 독자들에게 필자가 생생하게 보고 느낀 오사카 컵라면 박물관을 소개한다.

오사카 이케다 역 도보 5분 거리에 있는 오사카 컵라면 박물관은 한적하고 조용한 곳에 자리 잡고 있다. 박물관은 예약 없이 방문할 수 있다. 오사카 컵라면 박물관은 2층으로 지어졌는데 규모

오사카 컵라면 박물관 입구

박물관을 세운 안도 모모후쿠 동상

가 어마어마하다. 평일에 방문하면 학생 견학 관람객들이 관람하는 것도 종종 볼 수 있다. 평일은 관람객이 많지 않아 여유롭게 관람할 수 있지만, 주말에는 엄청난 인파가 몰리기 때문에 체험할 때 대기하는 시간이 생기는 편이다. 인스턴트 라면 터널, 라면 발명 전시관 등은 무료로 관람할 수 있으며, '나만의 컵라면 만들기 체험'은 1개 500엔으로 예약 없이 체험이 가능하다. '치킨라멘 만들기 체험'은 중학생 이상 1인 1000엔, 초등학생 600엔인데, 예약하지 않으면 체험이 불가능하다. 오사카 컵라면 박물관은 체험할 것이 많아 어린아이들과 함께 방문하기 좋은 박물관이다. 박물관이 어떻게 구성되어 있는지 살펴보자.

오사카 컵라면 박물관

- **주소:** 8-25 Masumicho, Ikeda, Osaka 563-0041
  일본(〒563-0041 大阪府池田市満寿美町 8-25)
- **입장료:** 무료(유료 체험 선택 가능)

인스턴트 라면 터널 (インスタントラーメン・トンネル)

들어가자마자 눈을 사로잡는 것은 수많은 라면으로 장식된 일명 인스턴트 라면 터널이다. 인스턴트 라면 터널은 닛신식품에서 1958년 출시한 치킨라멘부터 시작해 65년간 라면 사업을 하면서 출시해 온 800여 종 이상의 라면들을 연도별로 전시해 놓은 공간이다. 형형색색의 다양한 라면들을 한눈에 볼 수 있는데, 일본인들에게는 추억을 불러일으키는 공간이고, 외국인들에게는 놀라운 장관을 보여주는 포토존이다. 관광객이라면 인스턴트 라면 터널을 배경으로 꼭 사진을 찍어보길 바란다.

안도 모모후쿠 인스턴트 라면 발명 역사 전시관 (安藤百福とインスタントラーメン物語)

인스턴트 라면 발명 에피소드와 발전의 역사 등을 연대순으로 보기 좋게 전시해 놓은 공간이다. 단순히 눈으로만 관람하는 공간이 아니라 직접 만져보면서 관람할 수 있어 어린 학생들도 관람하기에 좋다. 전시 설명은 모두 일본어로 되어 있는데, 일본어를 읽지 못하시는 분들은 네이버 파파고 앱을 설치 후 사진 번역

인스턴트 라면 발명의 역사를 소개하는 전시

네이버 파파고 앱의 사진 번역 기능을 이용하면
일본어를 몰라도 편안하게 관람할 수 있다.

네이버 파파고 앱을 이용해 번역한 모습

을 이용해 관람하면 큰 불편 없이 관람이 가능하다. 필자도 일본어를 못 하지만, 파파고 사진 번역을 이용하여 천천히 재밌게 관람할 수 있었다.

나만의 컵라면 만들기 체험 (マイカップヌードルファクトリー)

세계에서 유일한 나만의 컵라면을 만들 수 있는 체험장이다. 입구에서 컵라면 만들기 체험을 희망한다고 말하면 티켓을 주는데, 티켓을 가지고 체험장으로 향하면 된다. 체험장에서 줄 서서 차례가 오면 직원에게 티켓을 주고 자판기에서 컵을 구입한 후, 직원의 안내에 따라 자리를 잡고, 테이블 위에 있는 사인펜을 이용하여 컵을 꾸민다. 컵을 모두 꾸미고 나면 직접 용기 속에 면을 넣는 체험을 하고, 컵라면 속 내용물을 고를 수 있다. 분말스프 4가지 중의 1가지, 건더기스프 12가지 중의 4가지를 골라 나만의 컵라면을 만든다. 조합에 따라 수천 가지 종류의 다른 컵라면이 만들어지는데, 어떤 컵라면을 만들어볼까 고민하는 재미가 있다. 어른도 아이도 즐겁게 참여할 수 있는 나만의 컵라면 만들기 체험은 오사카 컵라면 박물관의 하이라이트다. 꼭 참여해 보길 바란다.

CUP NOODLES
謎肉
ひよこちゃんナルト
チェダーチーズ

고를 수 있는 스프의 종류

- **분말스프(4종 中 택 1):** 오리지널, 커리, 씨푸드, 칠리토마토
- **건더기스프(12종 中 택 4):** 히요코짱 어묵, 마늘 칩, 콩, 체다 치즈, 게맛살, 옥수수, 김치, 새우, 수수께끼 고기, 계란, 파, 특선 만두소(일부 건더기는 시즌에 따라 변동)
- **체험료:** 컵 1개 500엔 / **체험 시간:** 약 40분

세계로 수출되는 닛신 컵라면(世界のインスタントラーメン)

치킨라멘 만들기 체험 (チキンラーメンファクトリー)

치킨라멘을 손수 만들 수 있는 공방이다. 직접 밀가루를 반죽

하여 튀기고 찐 후에 양념하고, 순간유열건조법(瞬間油熱乾燥法)으로 건조하여 치킨라멘을 만드는 모든 공정을 재밌게 체험할 수 있다. 초등학생 이상만 체험이 가능하며, 2인 1조로 라면 만들기를 진행하는데, 한국어로 된 설명서를 제공해 주기 때문에 한국 사람도 잘 체험할 수 있다. 아이와 함께하면 더욱 재밌는 체험인데, 컵라면 만들기 체험과 달리 예약이 필수다. 인기가 좋아 최소 방문 일주일 전에는 예약해야 체험할 수 있으니 체험하고 싶은 분은 서둘러 예약하길 바란다.

- **체험료:** 중학생 이상 1000엔, 초등학생 600엔
- **체험 시간:** 약 90분
- 인터넷(24시간 접수) 및 전화로 예약 가능

세계 최초의 인스턴트 라면 치킨라멘과 세계 최초의 컵라면 컵누들이 어떻게 발명되었는지 체험하고 보고 배울 수 있는 오사카 컵라면 박물관은 라면의 역사를 배우기에 최적의 장소이다. 라면을 좋아하는 사람 혹은 아이들과 재밌게 공부하고 체험할 수 있는 가장 좋은 곳이다. 오사카에 간다면 꼭 방문해 보기를 추천한다.

안도 모모후쿠의 동상 앞에서

나만의 컵라면 만들기 체험장에서

02

한국 라면의 역사를 엿볼 수 있는 곳 '인천상회 박물관'

일본의 컵라면 박물관을 가본 사람들은 한국에도 라면 박물관이 있으면 좋겠다고 말한다. 아쉽게도 아직 한국에는 오사카 컵라면 박물관처럼 기업이 세운 라면 박물관은 없다. 하지만 한국에도 라면의 역사를 살펴볼 수 있는 박물관이 생겼다. 바로 추억발굴수집가로 유명한 수집왕 이이교 관장이 2023년에 세운 인천상회 박물관이다.

수많은 보물이 전시된 인천상회의 시작

인천상회 박물관은 이이교 관장의 꿈이 담긴 공간이다. 지금으로부터 20년 전, 약초를 캐는 것을 좋아해 산을 돌아다니던 그는 산에서 우연히 땅에 묻힌 병을 발견했다. 그런데 수십 년 전에 버려진 병이 생각보다 꽤 상태가 좋았다. '상태가 좋은 병을 담금술 병으로 써볼까?' 라는 생각이 들었고, 하나둘 모으다 보니 어느 순간 엄청난 종류의 병이 모였다. 그렇게 수집에 재미를 들였던 그는 전국을 순회하며 땅속에서 병뿐만 아니라, 과자 봉지, 라면 봉지, 다양한 추억의 물건 들을 발굴했다. 전국을 누비며 엄청난 시간과 열정으로 셀 수 없는 많은 종류의 물품을 모았다.

이이교 관장이 모은 수많은 종류의 병

인천 영종도, 용유도, 무의도, 실미도, 강화도, 교동도, 석모도 등 다양한 섬을 돌며 발굴을 이어가던 중 강화군 석모도에 20년 간 방치되어 있던 옛 느낌이 물씬 느껴지는 목욕탕 건물을 발견했다. 그리고 이 건물이 자신이 생각한 추억을 소환할 수 있는 과자 박물관 분위기와 잘 어울린다고 생각했다. 건물주와 논의 후 임대를 결정하고, 오랫동안 방치돼 수리할 곳이 많았던 건물을 직접 수리하고 리모델링해 박물관으로 탈바꿈했다. 그리고 2023년 3월, 인천상회 근현대사 과자 박물관을 오픈했다.

인천상회 박물관 속 라면 박물관

인천상회 과자 박물관에는 추억의 과자들만 전시된 것이 아니다. 빵, 사탕, 아이스크림, 병, 잡지 등 다양한 추억의 물품들이 전시되어 있는데, 그중에서도 추억의 라면들이 한가득 전시된 라면 박물관이 압권이다. 이이교 관장은 대기업에서도 하지 못한 수많은 라면 봉지의 보존과 전시를 혼자서 이뤄냈다.

단순히 라면 봉지를 전시하는 것을 넘어 관람객에게 예전의 느낌을 생생하게 전달하고 싶었던 이이교 관장은 면을 봉지 크기에 맞게 톱으로 잘라, 라면 봉지 속에 넣고 밀봉 작업을 통해 생생한 라면의 모습을 재현했다.

그리고 재현한 라면을 유리창 안에 넣어 눈으로만 관람할 수 있게 하는 것이 아니라, 관람객들이 직접 만져보며 작품을 관람하고 느낄 수 있도록 꾸몄다. 덕분에 라면 봉지 뒤편에 나와 있

액자 속에 추억의 라면을 보관하고 있다

직접 만져보고 느껴볼 수 있는 라면 박물관

추억의 라면들을 찾는 재미가 쏠쏠하다

는 제품의 특징, 조리 방법, 소비자 판매가격, 유통기한 등을 통해 당시 판매되고 있던 라면의 생생한 역사를 살펴볼 수 있다. 인천상회 박물관에서 경험해 볼 수 있는 놀라운 전시 방법이다. 이런 전시 방법 덕분에 관람객들은 타임머신을 타고 과거로 여행을 떠나는 기분을 느낀다.

자신이 만든 작품을 살펴보고 있는 이이교 관장의 모습

더욱 놀라운 것은 식품과 라면의 역사에 관한 이이교 관장의 박식함이다. 발굴한 라면들에 면을 넣어 재현해 전시할 때, 그냥 전시만 하는 것이 아니라, 라면 제품의 역사를 찾아 공부하고 전시했다. 인터넷을 통해 라면의 이야기를 검색해 보는 것은 물론, 라면 회사에서 발간한 책을 구입해 공부하기도 했다. 어느새 이이교 관장은 식품 역사 전문가가 되었다. 라면 패키지만 봐도 몇 년도에 출시된 라면인지, 어떤 광고모델이 광고했고, 당시 반응이 어땠는지 아주 빠삭하게 알게 되었다.

그래서 가끔 손님들이 와서 "○○라면 없어요?"라고 물어보면, 손님을 바로 데리고 가서 제품을 보여주는 일이 다반사다. 대부분 손님은 엄청나게 감동한다. 그리고 라면 하나만 몇십 분을 보다가 돌아가는 경우도 있다.

이이교 관장의 인천상회 라면 박물관에는 초창기 삼양라면을 포함해 롯데공업(농심), 한국야쿠르트(팔도), 청보, 빙그레, 오뚜기 등 라면 회사들이 수십 년 전부터 출시하여 판매해 온 수많은 라면이 있다. 그리고 이이교 관장은 지금도 쉬는 날이면 산으로 섬으로 떠나 새로운 라면 봉지를 발굴한 후 전시하고 있다.

인천상회 박물관에서 볼 수 있는 수많은 추억의 라면들

인천상회 박물관이 개관한 지 얼마 되지 않아 아직 많은 사람에게 알려지지 않았지만, 점점 많은 사람에게 사랑받고 있다. 인천상회 박물관 이이교 관장은 손님들이 오랫동안 관람하고 만족하고 갈 때 가장 큰 기쁨을 느낀다. 그리고 만족하고 돌아간 손님은 다른 손님을 데리고 재방문하는 경우가 많다.

온전히 개인이 운영하는 박물관이기에 운영에 어려움이 있는 것이 사실이다. 많은 임대료와 운영비로 운영에 어려움을 겪고 있지만, 꾸준히 관람객이 늘어나고 있다는 사실에 희망을 가지고 운영하고 있다. 인천상회 박물관을 너무나도 좋아하는 사람으로서 인천상회 박물관이 널리 알려져서, 어려움을 이겨내고 박물관이 지속될 수 있기를 진심으로 기원한다.

수십 년 전 라면, 과자, 빵, 아이스크림, 병 등을 관람하고 싶은 분, 식품의 역사를 알고 싶은 분, 추억발굴수집가 이이교 관장을 만나고 싶은 사람이라면 꼭 인천상회 박물관에 방문해 보기를 바란다.

인천상회 박물관

- **주소:** 인천 강화군 삼산면 삼산남로604번길 6-7
- 반려동물 동반 가능, 매주 화요일 휴관

인천상회 박물관 이이교 관장님과 한 컷

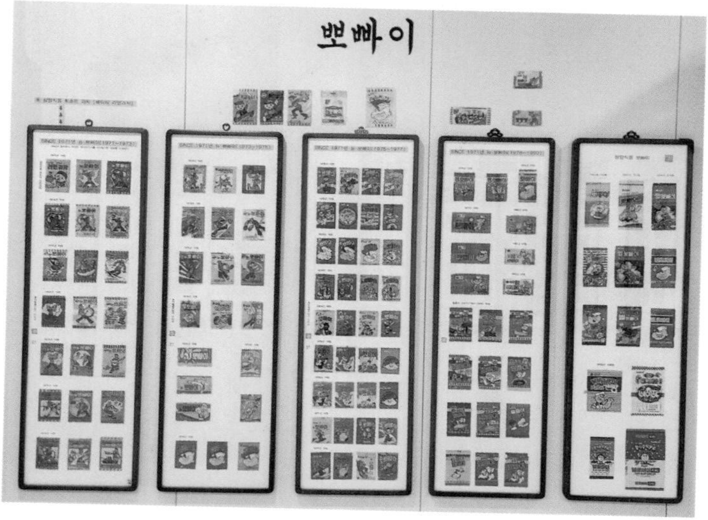

인천상회 박물관에서 볼 수 있는 국내 최초의 라면 스낵 '뽀빠이' 전시

03

라면의 고장 구미에서 열리는 '구미 라면 축제'

경상북도 구미는 일명 라면의 고장이다. 구미에는 한국 대표 라면 '신라면'의 대부분이 생산되는 농심 구미 공장이 자리 잡고 있기 때문이다. 그리고 구미시에서는 이러한 장점을 살려 라면

축제를 기획했고, 문체부 산업 관광 육성 사업에 선정되어 2022년부터 라면 축제를 진행하고 있다.

2022년 제1회 축제에서는 '캠핑라면'이라는 주제로 첫 번째 라면 축제가 실시되었다. 라면 요리 경연대회, 라면 먹방타임, 라면 끓여주는 로봇 행사 등 다양한 라면 행사가 진행되었고, 성황리에 종료되었다.

구미 라면 축제 요리경연대회(구미시 낭만축제과 제공)

2023년에는 시민참여와 지역 경제 활성화를 목적으로 기획위원회를 마련해, 시민들이 직접 아이디어를 제안하고, 일정과 컨셉을 논의해 축제를 진행했다. 그리고 대한민국 라면 탄생 60주년이 되는 뜻깊은 해를 맞이하여, 라면에 더 방점을 둔 축제로 기획했다.

라면로드, 쉴라면 힐링거리를 비롯한 4개의 테마존이 설치되는 등 체험 행사도 풍성하게 열려, 2022년에 비해 더욱 풍성하게 축제가 진행되었다.

구미시 낭만축제과는 구미 지역에서 '갓 튀긴 농심 라면'을 맛볼 수 있는 것을 장점으로 내세우고 있다. 지역 기업을 활용한 축제여서 관람객이 접하게 되는 라면이 농심 기업의 제품으로 한정되게 이루게 되는 딜레마가 있지만, 구미시에서는 이런 딜레마를 해결하기 위해 일본, 대만, 베트남의 라면들도 맛볼 수 있게 구성했고, 다양한 포토존과 체험행사를 통해 관람객의 만족도를 높이기 위해 노력했다.

아직은 운영 면에서 아쉬운 부분도 있지만, 구미 라면 축제는 매년 발전해 나가고 있다. 특히 구미시는 라면 축제를 우리나라를 넘어 세계인이 찾는 관광 콘텐츠로 만들어 나가겠고 밝혔다. 라면을 좋아하는 사람이라면, 앞으로 구미 라면 축제가 어떻게 발전되어 나갈 수 있을지 살펴보는 것도 좋을 것 같다.

구미라면축제 라면꼬불이탑(구미시 낭만축제과 제공)

04

형형색색 라면이 가득한 라면 특화 편의점 'CU 홍대상상점 라면 라이브러리'

2023년 12월, 편의점 CU는 K라면 특화 편의점 'CU 홍대상상점 라면 라이브러리'를 오픈했다. 편의점 벽면 한쪽을 모두 라면으로 채웠는데, 형형색색으로 진열된 라면들이 아주 장관이다. 자세히 들여다보면, CU 편의점에서 유통해 판매하는 거의 최대한의 라면을 진열해 놓고 판매하고 있었다.

공식적으로 매장 내 컵라면과 봉지라면이 230여 개에 달한다고 하는데, 필자가 방문했을 때는 봉지면, 용기면이 최소 150여 종 가까이 진열되어 있었다. 중소업체의 라면이나 인터넷으로 구입 가능한 희귀한 라면은 없었지만, 대형마트나 편의점에서 구입할 수 있는 최대한의 종류를 구비해두려고 노력한 점이 인상적이었고, 즉석 라면 조리기를 구비해둬서, 컵라면뿐만 아니라 봉지면도 즉석에서 맛볼 수 있게 꾸며 놓은 것도 매우 매력적이었다. 그리고 진열된 라면을 배경으로 사진도 찍을 수 있어 재밌었다.

Nice to
CU

이런 장점 덕분에 이곳을 찾아오시는 분도 많고, 한국 라면에 관심이 많은 외국인 관광객도 많이 방문한다고 한다. CU 편의점을 운영하는 BGF리테일은 CU 홍대상상점 라면 라이브러리가 큰 인기를 얻자, 잠실 한강공원에 있는 CU 잠실선착장점에 2호점을 오픈했고, 경남 진주의 공군교육사령부에 3호점을, 인천국제공항 2터미널에 스낵&라면 라이브러리를 오픈했다. 앞으로 다양한 라면을 맛볼 수 있는 한국 라면 특화 편의점이 전국으로 널리 퍼지기를 바란다.

라면 라이브러리 위치 (2024년 상반기 기준)

- **CU 홍대상상점:** 서울 마포구 잔다리로 25
- **CU 잠실선착장점:** 서울 송파구 잠실동 1-2 잠실누에나루선착장 1층
- **CU 공군사령부점:** 경남 진주시 송백로 46 공군교육사령부 비성회관 1층
- **CU T2인천공항 교통센터점:** 인천 중구 제2터미널대로 446, 지하1층

05

대형 할인점에서 만나는 이색 라면 코너 '홈플러스 라면박물관'

대형 할인점 홈플러스에서 이색 라면 코너를 운영하고 있다. 홈플러스는 전국의 홈플러스 매장을 메가푸드마켓으로 리뉴얼하면서 매장 내 '라면박물관' 코너를 만들고 있다. 홈플러스 라면박물관은 실제 박물관은 아니다. 홈플러스에서 라면을 팔고 있는 매대를 이용해 소비자들에게 시각적 즐거움을 제공하고, 국

내외 다양한 라면들을 구입할 수 있도록 꾸민 이색 매대에 라면 박물관이라는 이름을 붙인 것이다. 박물관이라고 이름을 붙였기에, 라면만 판매하는 것이 아니라 나라별 이색라면에 대한 소개와 함께 간단한 라면의 역사, 매운맛 비교표 등을 소개하면서 소비자들에게 라면에 대해 궁금한 점을 간단히 알려주었고, 미니 라면박물관으로서의 역할을 톡톡히 했다.

2024년 초 기준으로 전국 홈플러스 매장에 모두 설치된 것은 아니고, 홈플러스 11개 매장에서 라면박물관이 운영되고 있다. 장도 보고, 다양한 라면도 구입하고, 라면에 대한 간단한 상식도 알고 싶다면 홈플러스 메가푸드마켓 라면박물관에 방문해 보는 것은 어떨까?

홈플러스 라면박물관에 전시된 추억의 라면(홈플러스 강서점)

06

추억이 된 라면 팝업스토어 '88라면스테이지'

앞에서 소개했던 CU 홍대상상점 라면 라이브러리를 보면서, 필자는 2022년 초 여의도 더현대서울 백화점에 오픈했던 88라면스테이지가 떠올랐다. 더현대서울 지하 1층에 팝업스토어로 오픈되었던 88라면스테이지는 진열장 빽빽이 수많은 종류의 라면을 구경할 수 있고, 봉지 라면을 낱개로 구입할 수 있었던 이색 매장이었다. 매장 오픈 3개월 만에 15만 개의 라면을 판매했고,

마트와 편의점에서 구입 가능한 라면뿐 아니라, 소량이지만 국내 중소업체의 라면과 해외 라면들을 구경하고 구입할 수 있도록 꾸며두었다.

필자는 88라면스테이지가 오픈된 후 너무 반가워 주말에 방문했는데, 인산인해를 이룬 인파를 보고 놀랐던 기억이 난다. 관람객 통제가 제대로 이루어지지 않고, 품절된 라면들이 보이는 것은 아쉬웠지만, 그래도 라면을 좋아하는 사람들을 위해 멋진 행사를 기획한 것 같아 만족스러웠다.

팝업스토어가 종료된 후 세븐일레븐과 협업하여 송파구에 있는 챌린지스토어점에서 88라면스테이지가 잠시 열리기도 했으나, 지금은 더 이상 운영되지 않고 볼 수 없는 추억의 공간이 되었다. 더현대서울 백화점을 들를 때마다 아련히 추억되는 88라면스테이지. 앞으로 새로운 라면 팝업스토어들이 사람들을 기쁘게 할 수 있기를 기대한다.

더현대 서울 매장에 오픈했던 88라면스테이지

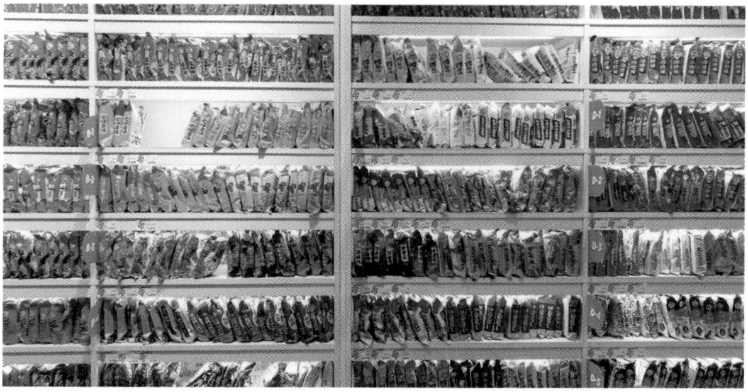

88라면스테이지에 형형색색 진열된 수많은 라면들

07

한국 라면 산업을 알렸던 '대한민국 라면박람회'

라면을 좋아하는 사람들로 인산인해를 이룬 라면박람회

대한민국 라면박람회는 국내 대표 라면 기업을 필두로 국내 라면 시장을 세계에 알리겠다는 포부로 기획되었으며, 2015년 시작되어 매년 변화하며 발전해 온 국내 최대의 라면 행사였다. 폭발적인 인기로 코엑스(COEX) 선정 다시 보고 싶은 박람회 5위에 오르기도 했으며, 3일간 7만 명 이상의 관람객을 유치하며 기록을 세우기도 했다. 코로나를 거치며 잠정 중단되었지만, 새로운 모습으로 관람객들에게 선보일 준비를 하는 라면박람회 이야기를 소개한다.

코엑스에서 진행된 라면박람회
국내 업체뿐 아니라 해외 업체도 적극 참여했다.

라면 박람회는 라면을 사랑하는 대중과의 만남은 물론, 쉽게 접할 수 없는 중소기업의 라면을 알리고 유통 판로를 개척하고자 다양한 프로그램을 진행하였다. 관람객들은 국내 소비자들이 접하기 힘든 중소기업의 라면만 아니라 중국 대표 기업 캉스푸, 일본 닛신식품, 베트남 에이스쿡, 태국 마마, 인도네시아 인도미 등 해외 시장의 대표 기업들의 라면도 구경할 수 있었으며, 관심 있는 라면들을 구입할 수 있는 점이 아주 매력적이었다. 또한 라면 굿즈나 라면 관련 제품들도 구경하고 구입할 수 있었으며, 유명 라멘집의 라멘을 박람회장에서 맛볼 수 있도록 구성하기도 하였다.

또한 풍성하게 기획된 다양한 행사는 관람객들을 기쁘게 만들었다. 팔도 꼬꼬면과 남자라면을 만든 이경규 씨가 방문하여 박람회를 빛내기도 하였고, 유명 화가 홍빛나 작가님이 참여한 미술전은 행사를 화사하게 만들어 주었다. 또한 국내 최대 라면 동호회 라면천국 회원들과 함께 기획한 나만의 라면 만들기 행사는 박람회에 참가한 관람객들에게 재밌는 추억을 만들어 주었고, 남북 화해의 분위기 속에서 기획된 북한 라면 전시회는 북한 '경흥' 라면을 포함해 다양한 제품을 구경할 수 있게 해주었으며, 북한의 음식(인조 고기밥, 퐁퐁이 떡, 두부밥 등)도 맛볼 수 있도록 기획되어 관람객들은 물론 국내외 언론에 높은 관심을 끌어냈다.

이에 더해 라면박람회는 중소 라면을 알리고 유통 판로를 개척하는 프로그램도 다양하게 진행하였다. 관련 바이어를 초청하여 국내 판로 개척은 물론, 수출까지 이루어냈다. 또한 국내 인기 맛집의 면류 레시피를 직접 맛볼 수 있는 조리판매관의 흥행은 백화점 입점과 대기업 PB라면 출시, 프랜차이즈 가맹 계약 등의 성과를 보여주었다.

라면박람회가 매년 다양한 모습으로 알차게 진행될 수 있었던 데에는 홍휘선 총괄 기획자의 역할이 매우 컸다. 라면 회사의 참여를 설득했고, 다양한 테마로 라면 문화 콘텐츠를 제작해 손님들을 맞이하는 등 박람회 기획과 운영 전 과정을 총괄했기 때문이다. 일본에 방문하여 한국 라면을 알리고, 박람회 행사를 위해 교류하는 과정과 2018년 중국을 오가며 수많은 사람을 만나 북한 라면을 구하는 과정 등 많은 과정에서 큰 역할을 했다. 그러한 그의 노력은 라면박람회를 좋아하는 사람들에게 전달되었고, 많은 사람을 감동하게 했다.

홍휘선 씨는 박람회를 기획하고 운영하는 과정에서 어려운 점도 많았지만, 한국인의 소울푸드 라면을 대중들이 즐길 수 있게 만듦과 동시에 라면 산업의 부흥을 이끌고, 세계로 알리고 싶은 마음이 더 컸기에 라면박람회에서 자신이 할 수 있는 모든 것을 다해 노력했다고 말한다. 그러나 아쉽게도 코로나 유행 등 여러 사정이 겹치며 라면박람회는 중단되었다. 라면을 좋아하는 사람들은 라면박람회가 중단된 사실을 아쉬워하고, 재개되기를 소망하고 있다. 그런데 그런 분들에게 좋은 소식이 있다. 이런 마음에 응답하고자 시민들과 라면 산업을 연결할 수 있는 라면박람회가 준비되고 있다는 사실이다. 과연 어떤 모습으로 다시 라면박람회를 볼 수 있을지 매우 궁금하다. 꼭 다시 라면박람회를 만날 수 있기를 고대한다.

라면박람회를 이끈 홍휘선 총괄 기획자(홍휘선 대표 제공)

08

디테일이 가득한 라면 전문점 '고양 일번가 셀프 라면 카페'

고양 일번가 셀프 라면 카페의 모습

고양시 덕양구 삼송역 인근 신원동에 위치한 일번가 라면 카페는 특색이 넘치는 이색 명소다. 매장에 들어서면, 형형색색 진열된 100여 종의 라면 때문에 놀라고, 더 나아가 매장 곳곳에 숨어있는 특색 있고, 디테일이 넘치는 인테리어에 다시 놀라게 된다.

일번가 셀프 라면 카페의 라면 진열장 앞에서

일번가 라면 카페는 얼큰한 라면, 순한 라면, 비빔면, 볶음면 등 100여 종 내외의 라면을 기분에 따라 골라 맛볼 수 있다. 무료로 김치, 단무지가 제공되며, 원한다면 콩나물, 치즈, 계란, 청양고추, 어묵, 소시지 등 다양한 토핑을 추가해 맛있는 라면을 맛볼 수 있고, 쾌적한 분위기에서 맛있는 라면을 저렴하게 즐길 수 있다.

단무지와 김치는 무료로 제공되고, 여러 토핑을 추가할 수 있다.

일번가 라면 카페의 매력은 러시아 건설 공사 전문가로 러시아 전역을 누비며 활약했던 강학서 대표의 인생에서 나온다. 강학서 대표는 라면 카페를 운영하게 될지는 상상도 못 했지만, 라면 카페 운영에 어려움을 겪던 가족의 요청으로 라면 카페를 인수한 후 수백여 종의 라면을 맛보면서 라면을 공부해 전문가가 되었다. 인테리어도 직접 작업해 지금의 특색 있고 매력적인 일번가 라면 카페를 만들었다.

일번가 라면 카페 강학서 대표님의 모습과 라면 진열장

일번가 라면은 학생과 젊은 단골들이 많이 찾는다. 그리고 단골들은 매장 관리를 위해 카페에 있는 강학서 대표와 소통하는 것을 즐긴다. 밤새워 공부하다가 나오는 학생들을 위해 매장 마감 시간을 늦출 때도 있고, 인생 상담, 진로 상담 요청해 응해 학생들을 도와주기도 한다. 이렇게 단골들과 소통하다 보니, 매장 운영과 인테리어에 아이디어를 주는 손님도 있다. 그래서 일번가 라면 카페는 손님들과의 소통으로 개선되고, 단골들의 아이디어가 숨어 있는 인테리어를 곳곳에서 찾을 수 있다.

라면 봉지 속 디자인을 이용해 꾸민 블라인드

손님과 소통하며 매장을 발전시켜나가는 강학서 대표 덕분에 셀프 라면 카페임에도 일번가라면은 동네 핫플레이스로서, 학생들의 쉼터로서 사랑받고 있다.

그리고 매장 한쪽에는 단골 손님들이 일번가 라면 카페를 응원하고, 오래오래 계속되기를 바라는 마음을 담은 쪽지가 가득하다.

손님들이 맛있게 라면 한 그릇 먹고 가는 모습을 볼 때 가장 행복하다는 강학서 대표의 모습을 보며, 정말 라면을 사랑하고, 자부심을 가지고 라면 카페를 운영하고 있다는 생각이 들었다. 라면을 좋아하는 사람이라면 고양 일번가 라면 카페에 방문해보는 것은 어떨까? 매력적인 명소로 방문해보기를 추천한다.

- **주소:** 경기도 고양시 덕양구 신원로 40-8, 용민프라자 106호

- 일번가 셀프 라면 카페에서 가장 인기가 좋은 라면은 농심 얼큰한 너구리 라면으로, 남녀노소 안 가리고 너구리 라면을 다 즐긴다고 한다. 다음으로 농심 신라면, 오뚜기 열라면, 오뚜기 진라면 매운맛, 삼양 불닭볶음면 전 제품, 농심 짜파게티, 삼양라면 등이 고객들에게 인기가 좋다.

- 일번가 셀프 라면 카페 매장 곳곳에는 강학서 대표님이 라면 봉지 속 디자인을 직접 오리고 조합해 붙인 이색 작품들이 가득하다. 강학서 대표님은 언젠가 카페 한쪽 벽을 라면 벽화로 완성해 손님들에게 멋진 볼거리를 제공해주고 싶다고 말한다.

6부

국내 최대 라면 동호회 라면천국과 세계라면협회

01

국내 최대 라면 동호회, '다음카페 라면천국' 이야기

국내 최대 라면 동호회 라면천국(출처: 다음카페 라면천국)

'라면 마니아의, 라면 마니아에 의한, 라면 마니아를 위한' 동호회 라면천국은 1999년 탄생했다. 라면천국의 회장 '라통' 최용민 씨[1]는 라면을 좋아하는 사람들을 만나보고 싶고, 라면에 대한 정보를 공유하고 싶다는 생각에 동호회를 만들었다.

초창기에는 회원들과 만나 라면을 끓여 먹고, 라면 맛집을 찾아다녔다. 그리고 라면을 좋아하는 사람들과 만남을 이어가던 중 나눔으로 이어가자고 생각하게 되었고, 2002년부터는 '아라

1 라면천국의 회장 라통 최용민 씨는 이경규 씨와 함께 히트작 꼬꼬면을 개발한 라면 전문가로도 알려져 있다.

봉'이라는 '아름다운 라면 봉사'라는 뜻의 라면 봉사활동을 시작했다. 매월 지역별로 라면을 좋아하는 사람들이 자발적으로 모여 농심, 오뚜기, 팔도, 삼양, CJ, 동원 등 국내 유수의 면류 회사의 라면 지원을 받고, 회비를 모아 부재료를 준비해 지역사회에 도움이 필요한 분들에게 라면 급식 봉사를 시작하였다. 그리고 그렇게 시작된 라면 봉사활동은 전국 20곳의 지역에서 진행되었고, 심지어 먼 곳 미국의 뉴욕에서도 봉사활동이 진행됐다. 라면을 좋아하는 마음이 세상을 따뜻하게 만드는 데 큰 역할을 하게 된 것이다. 라면 봉사활동을 진행하고 난 후 라면천국 동호회는 더욱 활발히 진행되었고, 회원들은 더욱 끈끈해졌다.

라면천국 로고
(출처: 다음카페 라면천국)

봉사활동에 사용되는 라면은 업체를 통해 후원받지만,
다른 음식은 회원들이 회비를 모아 구입한다

라면천국 회원들은 라면 봉사뿐만 아니라, 라면 문화 진흥을 위한 다양한 활동을 진행했다. 라통 최용민 회장을 중심으로

《라면요리 어디까지 먹어봤니? 라면천국》 책을 편찬하여 시민들에게 라면 조리 노하우, 라면 상식과 에피소드, 라면 맛집 등 다양한 이야기를 알렸다. 또한 국내 최대 라면 행사인 대한민국 라면 박람회에서는 파트너 채널로 참가하여 '나만의 라면 D.I.Y' 체험관을 운영하고, 얻은 수익금으로 봉사활동을 진행하기도 하였다. 그리고 2013년에는 제14회 사회복지의 날을 맞아 서울시로부터 그동안의 공로를 인정받아 표창장을 받기도 하였으며, 사회복지시설로부터 100번째 봉사 날을 기념하여 공로패를 받기도 하였다.

라면 봉사활동에서 라면을 끓이는 모습

그런데 이렇게 활발하게 활동하던 라면천국과 아라봉에 위기가 찾아왔다. 바로 언제 끝날지 모르는 코로나의 시작이었다. 코로나로 인해서 모임이 금지되며, 매달 진행했던 아라봉 활동이 잠정 중지되었다. 코로나의 위협이 활동을 막은 것이다. 하지만 길고 긴 코로나가 조금씩 진정되었고, 아라봉은 하나둘 재개되었다. 다시 라면천국 회원들이 모여, 현재 인천, 대구, 포항, 논산에서 라면 봉사가 실시되고 있다. 2023년 10월까지 231회 아라봉을 개최하였고, 29만 1852그릇째 라면을 끓이고 있다.

이렇게 라면천국은 아라봉과 함께 우리 사회에 따뜻한 온기를 전하고 있다. 라면으로 세상을 아름답게 만드는 것이다. 라면을 좋아하는 것으로 끝나는 것이 아니라, 따뜻한 라면 한 그릇을 나눌 수 있는 멋진 사람들이 모여 있는 라면천국. 라면을 좋아하면서, 다른 사람에게 마음을 나누고 싶은 사람이라면, 국내 최대 라면 동호회 '다음카페 라면천국'에 가입해 아름다운 라면 봉사에 참여해 보는 것은 어떨까?

필자가 아라봉 앞치마를 두르고 라면 봉사를 하는 모습

필자의 아라봉(아름다운 라면 봉사) 후기

필자도 코로나가 진정된 2023년부터 아라봉에 참여하고 있다. 필자가 참여하고 있는 지역은 매달 넷째 주 토요일 오전에 복지 시설에 모여 봉사활동을 시작한다.

업체에서 후원받은 라면과, 회원들이 각출한 회비로 구입한 부재료가 봉사활동의 준비물이다. 회원들이 하나둘 도착하면 앞치마를 두르고, 음식을 준비한다. 김밥을 만드는 팀, 라면을 뜯어 면과 스프를 분리하고 라면 조리를 준비하는 팀 모두 각각 분주하게 일한다.

점심시간이 다가오면 라면을 맛보기 위해 복지시설에 계신 분들이 들어오기 시작하는데, 오랜 봉사활동으로 라면 조리 실력이 출중한 회원분은 타이밍을 맞춰 라면을 끓인다. 미리 준비된 김밥과 함께 맛있게 준비한 라면을 서빙하여 대접하면, 라면을 받은 분들은 맛있게 라면과 김밥을 드시게 된다. 라면과 김밥을 맛있게 드시는 분들의 모습을 보면 토요일 오전 시간을 내서 봉사활동을 한 보람이 더욱 느껴진다.

라면천국 회원들은 라면 봉사를 통해 열심히 만든 한 끼 식사를 대접한다.

바쁘게 봉사활동을 마치고 나면, 회원들이 모여 라면을 맛본다. 따뜻한 사람들과 함께 식사하고 이야기를 나누는 과정은 참 보람차고 행복하다. 라면이 좋아서 하게 된 라면 봉사였지만, 지금은 라면을 떠나 좋은 분들과 봉사활동을 할 수 있다는 사실이 정말 좋다. 앞으로도 라면천국 회원들과 함께 꾸준히 아라봉 활동을 하고 싶다.

- **다음카페 라면천국 사이트:** https://cafe.daum.net/ramyunheaven

라면천국 카페에서는 라면과 관련한 다양한 정보도 얻을 수 있다.
(출처: 다음카페 라면천국)

02

라면 산업의 발전을 위해 세워진 '세계 인스턴트 라면협회'

세계 인스턴트 라면협회 로고

세계 인스턴트 라면협회(WINA)는 라면 산업의 건전한 발전을 추구하며 1997년 3월 설립되었다. 오사카 컵라면 박물관을 본부로 하며, 안도 모모후쿠의 명언 "회사는 들녘의 외딴 삼나무인 것보다 숲으로 발전하는 것이 좋다(会社は野中の一本杉であるよりも、森として発展した方がよい。)"는 철학에 따라 만들어졌다.

세계 라면협회에서는 인스턴트 라면 품질 향상에 관련되는 업계 공통의 기술적 과제를 해결하고 정보를 공유하여 라면 업계를 발전시켜 나가고 있으며, 라면을 통한 사회 공헌 활동도 활발히 실시하고 있다.

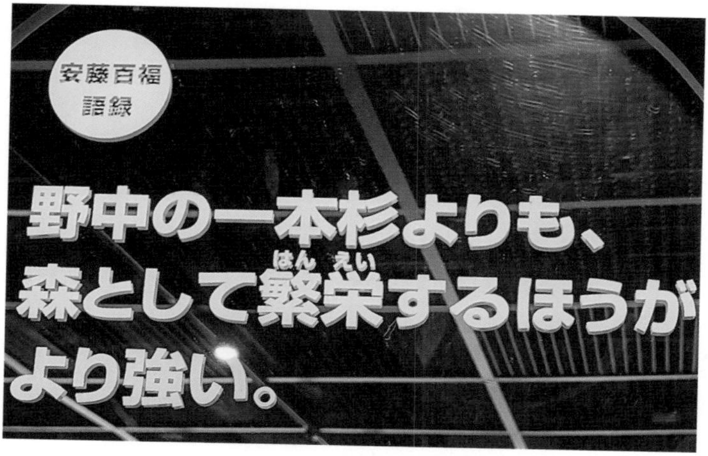

안도 모모후쿠 어록
들녘의 외딴 삼나무인 것보다 숲으로 발전하는 것이 좋다.(오사카 컵라면 박물관)

세계 라면협회의 회원은 Governor, Special Member, Regular Member의 3종류로 나뉘는데, 가장 중추적인 역할은 하는 Governor 회원에 농심이 참여하고 있으며, Regular Member로 팔도가 참여하고 있다.

세계 라면협회에서는 다양한 통계 자료를 발표하고 있다. 한국 사람들이 가장 관심 있게 살펴보는 통계자료는 국가별 라면 소비량과, 1인당 라면 소비량이다. 대한민국은 1인당 라면 소비량에서 2000년대부터 1인당 연간 70개 이상의 라면을 소비하면서, 압도적인 세계 1위를 20년간 줄곧 지켜왔다. 현재는 베트남 경제가 발전하면서 베트남이 한국의 라면 소비량을 제쳤지만, 한국의 라면들이 베트남 라면들에 비해 면 양이 1.5배 가까이 푸짐하다는 점을 고려해 보면, 사실상 한국 사람들은 세계에서 제일 많은 양의 라면을 먹고 있다. 한국인의 라면 사랑이 세계 제일이라는 것을 세계 라면협회의 통계로 알 수 있다.

그뿐만 아니라 세계 라면들의 독특한 이야기를 정리해 소개하고 있으며, 2004년부터는 자연재해와 전쟁으로 인해 어려움을 겪는 사람들에게 긴급구호 식량으로 라면을 제공하고 있다. 이런 기부 활동에는 라면 회사들이 모은 재해 구호기금을 사용하고 있다. 또한 현지 사람들이 좋아하는 라면이 기부되는데, 2008년 중국 쓰촨성 지진 상황에서는 농심의 라면이 구호 제품으로 제공되기도 하였다.

라면으로 세상을 바꾸어 나가고 있는 세계 인스턴트 라면협회. 라면을 좋아하는 사람들이라면 세계 인스턴트 라면협회 사이트에 방문하여 다양한 이야기를 들어보는 것은 어떨까?

· **세계 인스턴트 라면협회 사이트:** https://instantnoodles.org

세계 인스턴트 라면협회 재밌는 통계(2023년 기준)

① 라면 총 소비량 국가별 순위

1위 중국(422억 개)

2위 인도네시아(145억 개)

3위 인도(86억 개)

※ 전 세계의 라면 총 소비량은 1202억 개이며, 대한민국은 연간 40억 개의 라면을 소비해 세계 8위를 차지하고 있다.

② 1인당 라면 소비량 국가별 순위

1위 베트남(1인당 81개)

2위 대한민국(1인당 78개)

3위 태국(1인당 56개)

※ 2020년까지 1인당 라면 소비량 1위였던 한국은, 2021년 이후 베트남에 1위 자리를 내주었다.

③ 총 라면 판매 중 컵라면 비중 국가별 순위(컵라면을 주로 먹는 나라)

1위 멕시코(라면 중 87%)

2위 코스타리카(라면 중 82%)

3위 칠레(라면 중 73%)

※ 끓여 먹는 것이 익숙하지 않은 문화권의 국가들은 뜨거운 물을 부어 익혀 먹는 컵라면이 끓여 먹는 봉지면보다 훨씬 인기가 좋다. 또한 독특하게도 인스턴트 라면의 고장 일본에서도 봉지라면보다 컵라면이 더 잘 팔린다.

7부

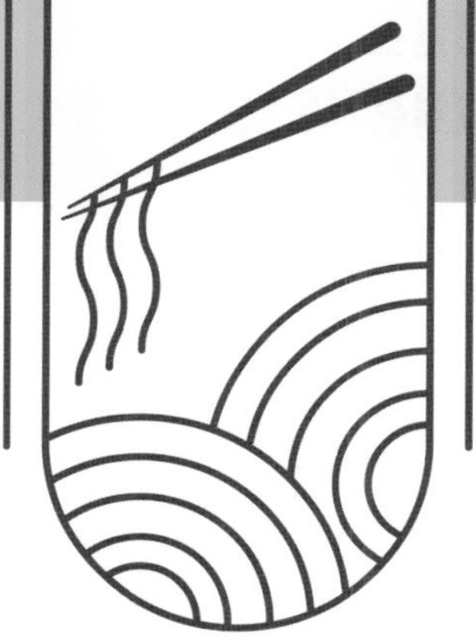

라면으로 꿈을 이룬 사람들

01

노르웨이 라면왕 미스터 리 이철호 대표 이야기

한국으로부터 멀리 떨어진 유럽 북쪽 노르웨이 사람들은 '미스터 리(Mr. Lee)' 라면을 즐겨 먹는다. 미스터 리 라면은 1954년 노르웨이에 정착했던 故 이철호 대표가 만든 라면인데, 한때 노르웨이 라면 시장 점유율 95%를 차지할 정도로 사랑받고 있는 노르웨이 국민 라면이다. 미스터 리 라면을 만든 이철호 대표의 삶은 한 편의 영화같다. 이번 코너에서는 노르웨이 라면왕 이철호 대표의 이야기를 간단히 소개한다.

노르웨이 라면왕 이철호의 유년 시절

이철호 대표는 1937년에 충청남도 천안에서 태어났다. 농사를 짓는 평범한 가정에서 태어난 그는 14세 때 6.25 전쟁을 겪는다. 6.25 전쟁 속에서도 어린 이철호는 살기 위해 돈을 벌기 위해 노력했고, 아버지가 주신 자금으로 구두닦이, 밀짚모자 판매, 냉

노르웨이 라면왕 이철호 대표의 이야기를 다룬 책들

차 판매 등 여러 장사에 도전했다. 그러나 생각보다 장사는 잘 안 됐고, 이철호는 매일 끼니 걱정을 해야 했다. 그러던 중 장마철에 엄청나게 불어난 임진강을 수영으로 건너다 죽을 뻔했는데, 천만다행으로 목숨을 건진다. 옷도 모두 잃어버리고 죽다 살아난 이철호를 발견한 미군은 이철호에게 옷을 주었고, 미군 부대에서 생활할 수 있게 도와주었다. 이철호에게 미군의 도움은 천만다행이었다.

하지만 전쟁의 포화는 거셌고, 짓궂게도 전쟁의 포화 속에서 크게 다친다. 폭격으로 배를 다쳤는데, 엉뚱하게도 멀쩡한 다리가 말을 듣지 않게 된 것이다. 야전 병원을 돌며 군의관들에게 치료받았지만, 다리는 제대로 치료되지 않았다. 절망스러운 상황 속에서 이철호는 노르웨이에서 온 피우스 박사를 만난다. 피우스 박사는 몇 번이나 수술을 시도했지만, 결과가 신통치 않았다. 피우스 박사는 이철호를 제대로 치료하기 위해 자신과 함께 노르웨이로 갈 것을 권유했고, 이철호는 피우스 박사의 도움으로 1954년 노르웨이로 떠나게 된다.

노르웨이에서 살아남기 위한 노력

노르웨이에서 40여 차례 수술을 받고, 이철호는 드디어 걸을 수 있게 되었다. 하지만 오른쪽 다리는 완전히 치료되지 않았고 계속 절룩거려야만 했다. 그렇게 치료를 마쳤지만, 말도 통하지 않는 이국에서 적응하고 살아 나가는 것은 정말 어려운 일이었다. 이철호는 살기 위해 호텔 벨보이, 심부름, 잡역부 등 어떤 일이든 하며 생계를 이어 나갔다. 하지만 돈을 벌어도 월세를 내고 나면 이철호에게 남은 돈은 별로 없었다. 이철호는 유통기한이 지나 헐값에 판매되는 빵을 구입해 먹으며 악착같이 돈을 모으고 희망을 이어 나갔다.

이철호의 꿈은 요리사였다. 배고픔으로 고통을 겪었던 이철호에게 굶을 걱정이 없는 요리사라는 직업은 최고의 직업이었다. 어떤 상황에서도 남들보다 더 절실하게 죽기 살기로 배우고 노력했기에, 학교에 다닐 수 있었고, 운 좋게 최고의 요리사를 꿈꾸며 스위스로 유학도 갈 기회를 얻었다. 그리고 유학 과정에서 피나는 노력으로 요리사들에게 인정받았고, 열심히 요리를 배운다.

유학에서 돌아온 이철호는 묄하우젠(Møllhausen)이라는 빵 공장에서 중간 관리직으로 일하게 되었는데, 이철호는 헌신적인 노력으로 22년간 15곳의 체인점을 열며 성장시킨다. 그러나 애석하게도 이철호가 헌신해 성장시킨 회사는 오너의 결정에 따라 덴마크계 회사로 매각되었고, 자신이 열정으로 키운 회사가 매각되는 모습에 큰 충격을 받는다. 새로운 오너는 이철호의 능력을 높이 사 이철호에게 덴마크로 와서 계속 일하도록 제안했지만, 이철호는 정들었던 회사를 떠나 새로운 사업을 시작한다.

이철호의 새로운 도전과 라면 사업

이철호 대표는 새로운 도전을 시작해야 했다. 그리고 그의 머릿속에 떠오른 것은 바로 '라면'이었다. 이철호는 1954년 한국을 떠난 후 1968년에 처음으로 한국에 귀국했는데, 그때 작은 분식집에서 처음으로 라면을 맛보았다. 쫄깃한 면발과 얼큰한 국물을 가진 라면의 맛에 반했고, 한국에 있을 때는 숙소에서 라면을 끓여 먹고 노르웨이로 돌아갈 때 라면을 한가득 싸서 돌아갈 정도로 이철호는 라면을 좋아했다.

그렇게 라면을 좋아하던 이철호였지만, 노르웨이 사람들에게 라면은 아주 낯선 음식이었다. 그래서 노르웨이에서 라면을 판다는 것은 누가 봐도 어려운 일이었다. 그러나 이철호는 다르게 생각했다. 이철호가 35년 이상 노르웨이에 살면서 노르웨이 사람들의 식성에 길들었지만, 한국 라면이 맛있게 느껴지는 것을 생각하며, 노르웨에서 라면 사업이 성공할 것으로 생각했고, 라면 사업 도전을 결심한다.

그 후 노르웨이에 온 한국의 라면 제조사 관계자와 만나 노르웨이에 라면을 팔겠다고 말한다. 라면 제조사 관계자는 고민했지만, 이철호의 제안을 받아들인다. 당시 라면 회사로부터 받은 라면은 단 3박스. 이철호는 받은 라면을 가지고 노르웨이의 식품회사들을 돌아다니며 마케팅하기 시작했다. 사람들은 이철호의 노력을 보며, 라면을 라면이라고 부르지 않고 Mr. Lee라고 불렀다. 그의 노력 덕분에 노르웨이에서 라면이 보이기 시작했다. 라면의 맛을 본 소비자들의 반응은 호의적이었다. 노르웨이에서 라면의 인기는 나날이 늘어났고, 3박스로 시작된 라면 사업은 어느새 1100박스의 주문까지 이어질 정도로 커졌다.

이렇게 현지에서 라면의 인기가 좋아지자, 이철호는 라면을 그대로 수입하여 파는 것이 아니라 자신만의 라면을 만들고 싶었다. 22년간 헌신하며 피와 땀으로 일구어냈던 빵 공장이 오너의 결심으로 한순간에 매각되어 사라지는 것을 경험한 후, 자신만의 브랜드가 있어야 한다는 점을 절감했기 때문이다. 이철호는 사람들이 라면을 Mr. Lee라고 부르는 것을 생각하며, Mr. Lee 라면 브랜드를 사용하고 싶다고 제조사에 전달했다. 그러나 제조사에서는 반 컨테이너 분량의 소규모 거래에 브랜드를 붙여 주기는 어렵다고 밝혔고, 최소 20 컨테이너 정도는 되어야 자체 브랜드를 붙여 제작해 줄 수 있다고 말했다. 갓 반 컨테이너 분량을 수입하던 이철호였지만, 호기롭게 20 컨테이너 분량의 비용을 대겠으니 Mr. Lee 라면을 만들어달라고 제안했다. 그러한 이철호의 배짱과 추진력을 높이 산 제조사는 이철호에게 라면을 만들어 제공했고, 이철호 씨의 사진이 들어간 Mr. Lee 라면이 노르웨이 시장에 본격적으로 선보이게 되었다.

이제는 라면을 그대로 수입해 파는 것이 아니라 Mr. Lee 라면을 파는 것이기에, 라면의 맛을 노르웨이 사람들의 입맛에 맞춘 제품으로 개발해 판매하고 싶었다. 그래서 이철호는 한국에 직접 방문해 라면 회사의 연구진들과 함께 노르웨이 사람들의 입맛에 맞춘 전용 스프를 개발한다. 마늘이나 생강의 매운맛을 덜고, 짠맛은 더 강화한 새로운 스프를 개발하여 Mr. Lee 라면을 노르웨이 시장에 선보인 것이다.

처음에는 쇠고기 맛 라면 한 종류만을 판매했다. 많은 라면을 공격적으로 내놓기보다 재고를 남기지 않기 위해 조금씩 소량으로 판매하고, 반응이 좋으면 판매량을 늘려 나가는 방식으로 사업을 진행했다. 그러다 보니 가게마다 Mr. Lee 라면 품귀 현상이 생겼고, Mr. Lee 라면의 인기는 치솟았다. 그 후 이철호는 최고의 요리사라는 자신의 명성을 활용하여 요리사복을 입고, Mr. Lee 라면 시식회를 열며 직접 홍보에 나섰다.

미스터리 라면은 지금도
노르웨이에서 잘 팔리고 있다.

2000년 11월 초 노르웨이의 작은 도시 나르빅에서 시식 행사가 열렸을 때, 많은 학생이 이철호 대표를 만나기 위해 학교에 결석한 것이 기사가 될 정도였다. Mr. Lee 라면을 맛보기 위해 수많은 사람이 줄을 섰고, 이철호 대표에게 사인을 받는 진풍경이 벌어졌다.

Mr. Lee 라면은 노르웨이에서 연일 화제가 되었다. 이철호 대표는 이러한 인기를 유지하기 위해, 라면 판매로 얻은 수익금을 상당 부분 마케팅에 재투자했다. TV 광고도 적극적이었다. 유명 배우가 나와서 광고하는 것이 아니라 이철호 대표가 광고에 등장하여 한국식 명언을 했는데, 중년의 아저씨가 이상한 명언을 하는 이색 광고는 노르웨이 사람들 사이에서 폭발적인 인기를 얻게 된다.

그 후 노르웨이에서는 'Mr. Lee'가 라면을 뜻하는 고유명사처럼 되었다. Mr. Lee 라면은 노르웨이 라면 시장에서 한때 95%라는 엄청난 점유율을 보여주기도 했으며, 20년 이상 노르웨이 시장에서 80% 이상의 라면 점유율을 차지할 정도로 노르웨이 국민들의 꾸준한 사랑을 받는 명실상부 노르웨이 국민 라면이다.

노르웨이 라면왕 이철호의 영면

1937년에 태어나 1954년 노르웨이라는 이국땅에 정착하여 죽기 살기로 살아온 이철호 대표는 '노르웨이 라면왕'이라는 명성을 얻고, 노르웨이에서도 한국에서도 존경받았다. 그리고 2018년 향년 81세의 나이로 생을 마감했다. 여전히 미스터리 라면은 노르웨이 사람들에게 사랑받는 라면으로 남아 있으며, 수많은 사람에게 기억되고 있다. 자신의 운명에 굴복하지 않고 치열하게 인생을 살아 Mr. Lee 라면의 신화를 이룬 노르웨이 라면왕 이철호 대표에게 경의를 표한다.

Mr. Lee 라면 광고 속 이철호 대표의 모습

02

라면 벤처기업의 신화 틈새라면과 창업주 김복현 대표 이야기

명동의 매운 라면 맛집, 그리고 팔도 대표 매운 라면으로 유명한 틈새라면은, 라면 벤처의 신화, 라면의 달인 故 김복현이 만들었다. 매운맛 마니아라면 한 번쯤 먹어봤을 만한 틈새라면과 틈새라면 창업주 김복현 대표 이야기를 살펴보자.

틈새라면 창업주 김복현 대표는 1962년 태어났다. 그의 어린 시절은 순탄치 않았는데, 초등학교 시절 아버지가 돌아가시고, 고등학교 시절 어머니가 돌아가셨다. 부모님이 두 분 다 돌아가셨으니 김복현의 어린 시절은 얼마나 어려웠을까? 가족은 뿔뿔이 흩어졌고, 생계유지가 어려웠다. 결혼해 살림하며 살고 있던 둘째 누나는 김복현이 걱정되어 동생에게 같이 분식집을 운영해 보자고 제안한다. 김복현은 누나의 제안에 따라 1981년, 19세의 나이로 명동의 5평짜리 작은 분식점에서 장사를 시작한다.

분식점을 운영하며 생계를 이어 나가던 김복현은 술을 종종 마셨는데, 술 마신 다음 날 라면에 고춧가루를 듬뿍 넣어 해장했다.

그리고 라면과 고춧가루의 조합이 훌륭하다는 것을 알고는 최적의 매운맛을 담은 라면 레시피를 개발했고, 그렇게 만든 라면을 '빨계떡'이라고 이름 붙였다.

김복현은 자신이 만든 매운 라면 '빨계떡'이 성공할 것으로 확신했고, 누나에게 분식집을 '빨계떡' 라면을 파는 매운 라면 전문점으로 바꾸자고 설득한다. 주변 사람들은 김복현의 생각을 우려했는데, 라면만으로 한 끼 식사를 대체할 수 없고, 매운 라면은 대중적이지 않다고 생각했기 때문이었다.

틈새라면 명동 본점의 모습

하지만 김복현은 라면 전문점의 성공을 확신했고, 누나를 설득해 1983년 라면 전문점 '틈새라면'을 오픈한다. 명동의 틈새 작은 매장에서 시작했기에 틈새라면이라고 이름지었다. 처음에는 간판도 없었다고 한다. 라면 전문점으로 전환한 후 처음 1년은 분식집을 할 때보다 매출이 크게 줄어들었다. 하지만 김복현은 사람들이 빨계떡의 맛을 곧 알게 될 것이라고 생각하며 포기하지 않았다. 그리고 그의 예상은 적중했다. 틈새라면의 강렬한 매운맛을 맛본 사람들의 호평이 입소문을 타고 알려지기 시작한 것이다. 어느새 명동 틈새라면은 줄을 서서 먹는 매운 라면 맛집으로 거듭났다.

그러나 명동에서 자리를 잡아가고 있던 1989년 말, 틈새라면 매장에 큰 시련이 닥쳤다. 우리나라를 뒤흔든 우지파동이 발생한 것이다. 우지파동 후 사람들은 라면 자체를 외면하기 시작했고, 라면 전문점들에는 손님이 오지 않았다. 틈새라면 매장도 마찬가지였다. 그리고 명동에서 틈새라면과 경쟁하던 라면 전문점들은 하나둘 폐업했고, 김복현도 정말 버티기 어려운 순간이 왔다.

하지만 김복현 대표는 적자의 상황 속에서도 영업을 이어 나간다. 우지파동이 사람들의 오해에서 비롯된 것이라고 생각했기 때문에, 상황이 나아질 것을 믿었다. 그리고 자신이 만든 라면을 자신이 가장 많이 맛보며, 손님들에게 라면이 무해하다고 설득한다. 시간이 지나자 우지파동의 여파는 줄어들었고, 김복현 대표를 믿고, 틈새라면 매장을 찾아주는 손님이 다시 늘어났다. 그리고 어려운 상황에서도 폐업하지 않고 뚝심 있게 매장을 운영한 김복현 대표의 틈새라면은 손님들에게 다시 엄청난 인기를 얻었다.

틈새라면 매장의 대표 메뉴 빨계떡

김복현 대표는 여기서 안주하지 않았고 다시 한번 도전을 하는데, 바로 틈새라면 프랜차이즈의 도전이었다. 1996년 특허를 취득했고, 2002년 틈새라면 법인을 설립했다. 전주에 틈새라면 1호점을 시작으로 셀 수 없이 많은 틈새라면 매장이 전국적으로 퍼져나갔다.

매운맛으로 유명한 틈새라면의 인기가 엄청나자, GS25편의점과 한국야쿠르트는 틈새라면의 매운맛을 담은 라면을 출시하고자 김복현 대표와 접촉했다. 그리고 2006년 김복현 대표가 패키지에 등장하는 GS25 편의점 전용 틈새라면을 출시했는데, 엄청난 성공을 거뒀다.

GS25 편의점 전용 상품으로 출시된 틈새라면이 엄청난 인기를 얻자, 한국야쿠르트는 협력을 강화해 소매점 전용 '틈새라면 빨계떡'라면도 출시한다. 출시 후 틈새라면 빨계떡은 엄청난 인기를 얻었고, 현재 팔도의 대표 매운 라면으로 자리 잡았다.

故 김복현 대표가 등장한 틈새라면
배우 오달수 씨가 모델이라고 착각한 사람들도 있었다.

팔도의 매운 라면 대표로 자리 잡은 틈새라면 시리즈

열정적으로 사업을 확장해 나가던 김복현 대표는 2004년 간암 판정을 받았다. 하지만 천만다행으로 초기에 발견했고 치료를 잘 해냈다고 생각했지만, 불행히도 2010년 간암이 재발했고 이식 수술 후 치료받던 중 합병으로 병세가 악화되어 숨을 거두게 되었다. 라면에 인생을 바쳤던 김복현 대표의 안타까운 마지막이었다.

"라면을 파는 것이 아니라, 문화를 파는 것이다"라는 경영 철학으로 5평 매장에서 시작하여 한국 라면 프랜차이즈업계의 전설이 되었던 故 김복현. 그의 이야기는 많은 자영업자뿐만 아니라, 서민들에게 지금도 큰 귀감이 되고 있다.

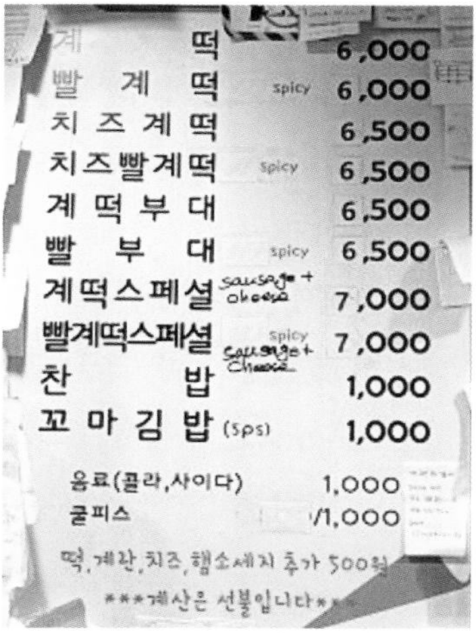

틈새라면 명동 본점 메뉴판

틈새라면 대표 메뉴

- **빨계떡:** 고춧가루와 계란, 떡이 들어간 매운 라면
- **계떡:** 계란과 떡이 들어간 라면으로, 구수하고 순한 라면.
- **빨부대:** 햄과 소시지를 넣은 부대찌개 풍미의 얼큰한 라면
- **찬밥:** 말 그대로 찬밥으로, 국물에 말아 먹으면 더욱 맛있다.
- **꼬마김밥:** 밥을 김에 싸서 제공하는 간단한 김밥
- 떡, 계란, 치즈, 햄을 추가할 수 있다.

부록 1

라면정복자피키가 추천하는 라면

여기서는 필자 라면정복자피키가 라면 평론가로 11년 넘게 활동하면서 먹어본 수천여 종의 라면 중 가장 맛있었던 라면을 주제별로 간단히 소개해 본다. 라면의 역사를 알고 난 후 라면정복자피키가 추천하는 맛있는 라면들을 골라 맛볼 수 있길 바란다.

라면 연구를 위해 구입했던 라면들의 모습

이곳에 소개한 라면들은 모두 추천해 드리는 라면들이기 때문에 맛 평점은 따로 넣어두지 않았다. 매운 정도는 아래 기준에 따라 소개해 드림을 알려드린다.

★★★★★ **최상**: 위험(틈새라면 극한체험, 불마왕라면 등)

★★★★★ **상**: 무서움(불닭볶음면, 틈새라면 빨계떡 등)

——— 매운걸 못 드시는 분 한계선(매운맛 상~최상) ———

★★★★☆ **중상**: 얼큰함(신라면, 진라면 매운맛 등)

★★★☆☆ **중**: 보통 매콤(삼양라면, 참깨라면 등)

★★☆☆☆ **중하**: 조금 매콤(스낵면, 진라면 순한맛)

★☆☆☆☆ **하**: 안매움(사리곰탕, 짜파게티 등)

이곳에서 소개하지 않은 모든 라면에 대한 라면정복자피키의 평점을 살펴보고 싶으신 분은 아래 QR코드를 참고하길 바란다. 주기적으로 업데이트하고 있으며, 필자의 개인적인 입맛이 들어간 주관적인 평점이므로, 평점은 참고만 해주기를 바란다. 참고로 필자는 맵고 자극적인 라면을 좋아한다는 점도 미리 말씀드린다.

라면 완전정복 평점

고소한 풍미가 일품인 짜장라면 추천

농심 올리브 짜파게티	풀무원 로스팅짜장면 파기름	GS25 유어스 공화춘짜장

짜장라면계의 베스트셀러 질리지 않는 국민 짜장라면	파기름의 고소함과 부드러운 맛이 일품인 짜장라면	레토르트 액상소스로 짜장면의 느낌을 담은 짜장라면
매운정도 ★☆☆☆☆ 하	매운정도 ★☆☆☆☆ 하	매운정도 ★☆☆☆☆ 하
1984년 3월 출시	2021년 9월 출시	2015년 7월 출시

해물 풍미가 진하게 느껴지는 구수한 짬뽕라면 추천

농심 오징어짬뽕	오뚜기 진짬뽕	홈플러스 이해봉

해물 풍미가 가득한 짬뽕라면의 기본을 잘 살린 라면	진한 해물 향과 불 향이 좋은 프리미엄 짬뽕 라면	착한 가격과 준수한 맛으로 사랑받는 홈플러스 짬뽕라면
매운정도 ★★★☆☆ 중	매운정도 ★★★☆☆ 중	매운정도 ★★★☆☆ 중
1992년 7월 출시	2015년 10월 출시	2023년 9월 출시

더운 여름에 별미! 시원하고 맛있는 비빔면 추천

팔도 비빔면	농심 배홍동비빔면	하림 더미식비빔면

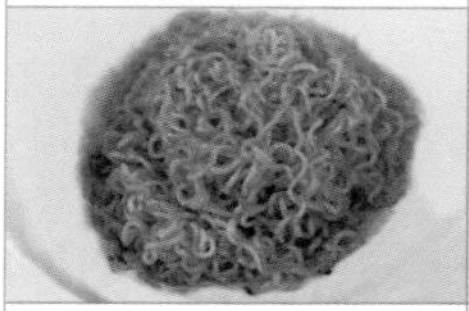	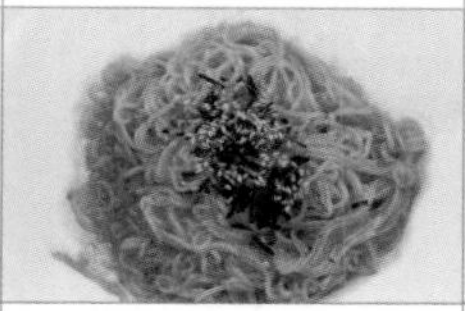	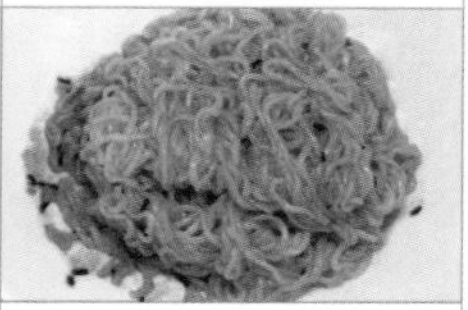
시원하고 새콤 달콤한 맛으로 사랑받는 국민 비빔면	매콤 새콤 고소한 감칠맛이 좋은 비빔냉면 느낌의 비빔면	쫄깃한 면발과 부드러운 맛이 일품인 프리미엄 비빔면
매운정도 ★★★☆☆ 중	매운정도 ★★★☆☆ 중	매운정도 ★★★☆☆ 중
1984년 6월 출시	2021년 2월 출시	2023년 3월 출시

진한 김치 맛으로 한국인의 입맛을 사로잡는 김치라면 추천

GS25 오모리 김치찌개라면	팔도 틈새라면 매운김치	농심 김치 사발면

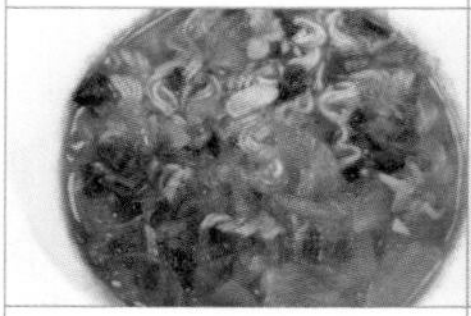		
진하고 자극적인 김치찌개 맛의 진수를 보여주는 라면	얼큰하면서도 구수한 맛이 일품인 매운 김치라면	착한 가격으로 간편하게 맛보는 국민 김치 컵라면
매운정도 ★★★☆☆ 중	매운정도 ★★★★★ 상	매운정도 ★★★☆☆ 중
2014년 12월 출시	2021년 2월 출시	1986년 4월 출시

매콤한 국물로 스트레스를 확 날려버리고 싶을 때! 매운 국물라면 추천

팔도 틈새라면 빨계떡	농심 신라면 더레드	팔도 킹뚜껑

명동 틈새라면 빨계떡의 맛! 강렬하면서도 맛있게 매운 라면	2배 매워져서 더 매콤하고 맛있어진 신라면	매운맛이 강렬하게 느껴지는 맛있게 매운 왕뚜껑
매운정도 ★★★★★ 상	매운정도 ★★★★★ 상	매운정도 ★★★★★ 최상
2009년 9월 출시	2023년 8월 출시	2022년 1월 출시

맛있게 매운 소스가 중독성 있는 매운 볶음면 추천

삼양 까르보 불닭볶음면	삼양 불닭볶음면	삼양 간짬뽕

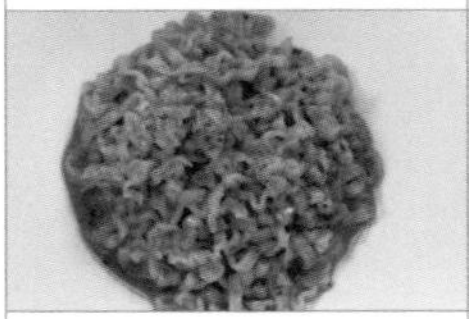	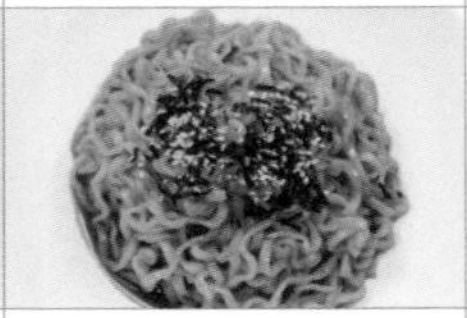	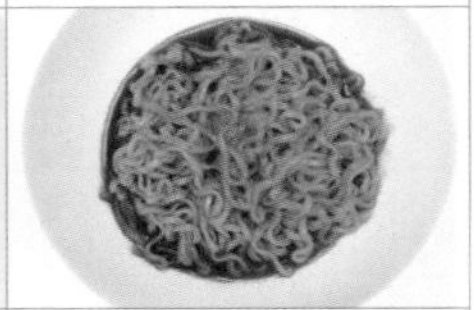
불닭소스에 크림 맛을 더한 매콤 파스타 느낌의 볶음면	전 세계인의 입맛을 사로잡은 맛있게 매운 볶음면	오징어 향 해물향이 진한 부드럽고 매콤한 해물볶음면
매운정도 ★★★★★ 상	매운정도 ★★★★★ 상	매운정도 ★★★★☆ 중상
2017년 12월 출시	2012년 4월 출시	2007년 7월 출시

동물성 재료 없이 식물성 재료로만 맛을 낸 비건 채식 라면 추천

풀무원 로스팅 정면	강화섬 쌀로 만든 시골쌀라면	농심 야채라면

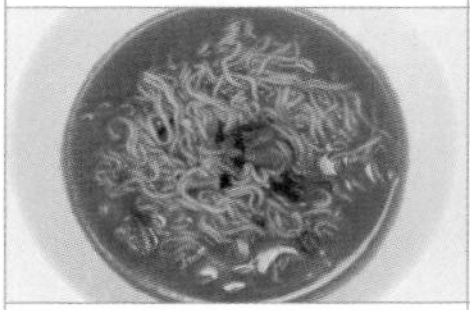	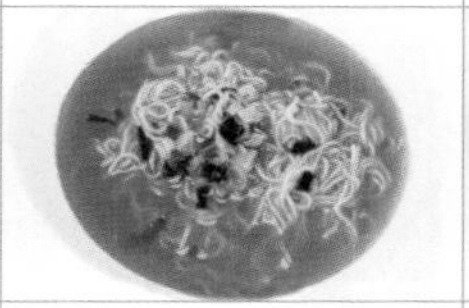	
얼큰하고 깔끔한 맛이 자연스럽고 맛있는 라면	국산 쌀로 만들어 소화가 잘되고 구수하니 맛있는 라면	야채 베이스의 순하고 개운한 맛이 좋은 라면
매운정도 ★★★☆☆ 중	매운정도 ★★★☆☆ 중	매운정도 ★★☆☆☆ 중하
2020년 8월 출시	2019년 출시	2013년 5월 출시

한국의 맛을 라면으로! 이색 한식 라면 추천

오뚜기 콩국수라면	오뚜기 옛날잡채	오뚜기 쇠고기미역국라면

	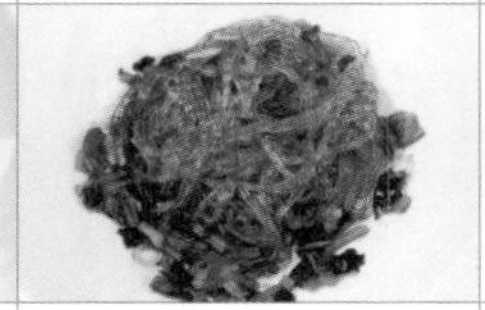	
콩국수의 풍미를 그대로 구현한 여름 이색 별미 라면	전통 한식 잡채를 간편하게 맛볼 수 있는 별미 라면	구수한 쇠고기미역국의 맛을 진하고 맛있게 구현한 라면
매운정도 ★☆☆☆☆ 하	매운정도 ★☆☆☆☆ 하	매운정도 ★☆☆☆☆ 하
2017년 5월 출시	2013년 3월 출시	2018년 9월 출시

매운맛을 나타내는 스코빌지수(Scoville Heat Unit, SHU)

스코빌지수는 고추에 포함된 캡사이신의 농도를 계량화해 매운 정도를 수치로 나타낸 것으로, 매운맛을 계량할 때 주로 사용된다. 특히 라면의 매운 정도를 계량할 때 사용되는데, 1912년 미국의 화학자 윌버 스코빌(Wilbur Scoville)에 의해 개발되었기에 스코빌지수라고 불린다. 참고로 우리나라에서 가장 잘 팔리는 농심 신라면의 스코빌지수는 3400SHU이다.

스코빌지수 기준 가장 매운 라면
(단종된 라면 제외, 2024년 3월 기준)

1위 팔도 틈새라면 극한체험(스코빌지수 15000SHU)
2위 금비 불마왕라면(스코빌지수 14444SHU)
3위 팔도 킹뚜껑(스코빌지수 12000SHU)
4위 팔도 틈새라면 빨계떡, 매운김치(스코빌지수 10000SHU)
5위 농심 신라면 더레드(스코빌지수 7500SHU)

핵불닭볶음면(8706), 도전불닭비빔면(12000), 핵불닭볶음면 mini(12000), 불마왕볶음면(14444), 염라대왕라면(21000) 현재 단종됨

부록 2

라면왕 안도 모모후쿠, 전중윤, 신춘호의 명언

일본과 한국에서 라면왕으로 불리는 안도 모모후쿠 회장, 전중윤 회장, 신춘호 회장은 굴지의 기업인이다. 3명 모두 라면을 좋아했고, 라면 사업으로 큰 성공을 이뤘다. 그리고 90세가 넘는 나이까지 라면을 즐겼고, 3명 모두 장수했다. 이번 부록에서는 언론을 통해 알려진 라면왕들의 어록을 소개한다.

세계 최초의 인스턴트 라면을 만든 닛신식품 故 안도 모모후쿠 회장 어록(安藤百福語録)

明日になれば、今日の非常識は常識になっている。

내일이면 오늘의 비상식은 상식이 되어 있다.

目標を持ったら、あとは執念だ。

목표를 가지면 나머지는 집념이다.

時代の変化に対応するのではなく、変化をつくり出せ。

시대의 변화에 대응할 것이 아니라 변화를 만들어 내라.

子どものように、いつも「なぜ？」と疑問を発しなさい。

어린아이처럼 항상 '왜?'라고 의문을 제기하세요.

事業を始めるとき成功を語るな、失敗から考えろ。

사업을 시작할 때 성공을 말하지 말라, 실패부터 생각하라.

私が無一文になったとき、失ったのは財産だけではないか、その分だけ経験が血や肉となって身についた」と考えた。すると、新たな勇気が湧いてきた。

내가 무일푼이 되었을 때, 잃은 것은 재산뿐이고 그렇지 않은가, 그만큼 경험이 피나 살이 되어 몸에 배었다고 생각했다. 그러자 새로운 용기가 생겼다.

即席めんの発想にたどり着くには、48年間の人生が必要だった。

過去の出来事の一つ一つが、現在の仕事に見えない糸で繫がっている。

인스턴트 라면을 발명하는 과정에 도달하기까지 48년의 삶이 필요했다.

과거의 일 하나하나가 현재의 일에, 보이지 않는 실로 연결되어 있다.

日清食品が特許を独占して野中の一本杉として栄えるより、大きな森となって発展した方がいい。

닛신식품이 특허를 독점해 들녘의 외딴 삼나무로 번성하는 것보다 큰 숲이 되어 발전하는 것이 좋다.

即席めんの開発に成功した時、私は四八歳になっていた。

遅い出発とよく言われるが、人生に遅すぎるということはない。

五〇歳でも六〇歳でも新しい出発はある。

인스턴트 라면 개발에 성공했을 때 나는 48세가 되어 있었다.

늦은 출발이라는 말을 많이 들었지만 인생에 너무 늦은 것은 없다.

50세든 60세든 새로운 출발은 있다.

経営者の落とし穴は賛辞の中にある。偉くなればなるほど身の回りに甘い言葉が集まり、英雄的気分にひたっていると必ずつまずく。苦言に耳を貸さない経営者は、必ず会社に危機を招く。

경영자의 함정은 찬사 속에 있다. 잘났을수록 주변에 달콤한 말들이 모여들고, 영웅적 기분에 빠지면 반드시 넘어진다. 쓴소리에 귀를 기울이지 않는 경영자는 반드시 회사의 위기를 초래한다.

仕事を戯れ化せよ。
일을 희롱화하라.

私は毎日ラーメンを 食べているから元気ですよ。
나는 매일 라면을 먹기 때문에 잘 지내고 있어요.

한국 최초 삼양라면을 만든 삼양식품 故 전중윤 회장 어록

"정직과 신용은 우리 생활을 풍요롭게 만든다."

"식족평천(食足平天), 온 국민이 배불리 먹으면 나라가 태평해진다."

"인간백회천세우(人間百懷 千歲憂), 사람은 100살을 살지만 1000년 뒤까지 생각해야 한다."

"이건(以建), 뜻한 바를 기필코 이룬다."

농심 라면 제국을 만든 농심 故 신춘호 회장 어록

"철학을 가진 쟁이는 행복하다."

"스스로 서야 멀리 갈 수 있다. 한국인에게 사랑받는 라면은 우리 손으로 만들어야 한다."

"맨땅에서 시작하자니 우리 기술진이 힘들겠지만, 우리 손으로 개발한 기술은 고스란히 우리의 지적 재산으로 남을 것이다."

"매우니까 간결하게 '매울 신(辛)'으로 하자."

"신라면의 성공에 안주하는 한 농심의 미래는 없다. 글로벌 식품기업으로 도약하기 위해서는 과거의 영광을 잊고 본원적인 경쟁력을 확보해야 한다."

"나는 서민을 위해 라면을 만든 적이 없다. 라면은 서민만 먹는 게 아니다. 나는 국민을 위해 라면을 만들었다."

참고문헌

임재학, 《식품황제 전중윤》, 호산문화, 1991

이철호, 《노르웨이 라면왕 미스터 리 이야기》, 창작시대, 2001

정지애, 《잘~먹고 잘사는법 066 라면》, 김영사, 2005

신춘호, 《農心 40年史》, 농심, 2006

가토 다다시, 《기적의 프로젝트 X, 컵라면의 탄생》, 이길진 옮김, AK, 2010

김은국·정수영, 《승승장구 農心 위풍당당 三養》, 머니플러스, 2011

이리나 리, 《그래도 끝까지 포기하지마》, 지니넷, 2011

최용민, 《라면요리 어디까지 먹어봤니? 라면천국》, 리스컴, 2013

安藤百福発明記念館転, 《転んでもただでは起きるな! – 定本・安藤百福》, 中央公論新社, 2013

이영수, 《라면 먹어 볼까요》, 좋은땅, 2014

가와이 단, 《라면이란 무엇인가》, 신은주 옮김, 한스미디어, 2015

무라야마 도시오, 《라면이 바다를 건넌 날》, 김윤희 옮김, 21세기북스, 2015

신춘호, 《農心 50年史》, 농심, 2015

하야미즈 겐로, 《라멘의 사회생활》, 김현욱, 박현아 옮김, 따비, 2017

지영준, 《라면 완전정복》, 북레시피, 2017

安藤/宏基《チキンラーメンの女房 実録 安藤仁子》, 中央公論新社, 2018

하창수, 《라면에 관한 알쓸신잡》, 달아실, 2018

지영준, 《라면이라면》, 북오션, 2019

김정현·한종수, 《라면의 재발견》, 따비, 2021

김정수, 《삼양식품 60년사 – 역사편》, 삼양식품, 2021

지영준, 《오늘도 라면입니다》, 깊은나무, 2023